Volker Leuoth
Ali Ben Moulay

Alis Reise nach Aachen
safaro Ali ela Aachen

Für Renate und Erhard
mit herzlichen Grüße
und viel Spaß beim
Lesen.

Korsika, 3.8.2018

Viele Grüße
Abdel

Alis Reise
nach Aachen

safaro Ali ela Aachen

Ein Marokkaner erzählt seine Geschichte
oder:
Integration einmal anders

IMPRESSUM

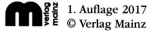 1. Auflage 2017
© Verlag Mainz

Alle Rechte vorbehalten
Printed in Germany

Gestaltung, Druck und Vertrieb:
Druck & Verlagshaus Mainz
Süsterfeldstraße 83
D - 52072 Aachen

www.verlag-mainz.de

Abbildungsnachweis: Privatarchiv des Autors (Koutoubia-Moschee in Marrakesch), http://weknowyourdreams.com/images/desert/desert-03.jpg (Wüste), (Zeichnung des Aachener Doms)

ISBN-10: 3-8107-0281-1
ISBN-13: 978-3-8107-0281-4

Inhalt

Ali, wo bist du? 7
a fink a Ali?

Mit Touristen auf Du und Du 9
dima nachet maa tourist

Weg, nichts wie weg! 12
yalah fhalna man hna

Die Reise beginnt. 20
bda safar

Drei Marokkaner in Paris. 26
tlata dial maghraba f Paris

Wohin wollt ihr? 34
fin ghadien?

You must go by bus to Clausthal-Zellerfeld. 40
khassekoum tmichoue ftoubis l Clausthal-Zellerfeld

Clausthal-Zellerfeld, die ersehnte Stadt 45
l midina litantmanaou

Der mögliche Retter Said 53
Said ghadi aatakna

Clausthal, adé! – und: Hoffnung unterm Pferdeschwanz 55
Bslama Clausthal ou l amal taht salef dial l aaouad

Jutta und die drei dunklen Typen 58
Jutta maa tlat t chaban smrin

Noch eine ersehnte Stadt 65
lmadina litantmanaou

Said rettet uns 70
Said aatkna

Unser Vater Herr Schlicher – und:
Vom Tellerwäscher nicht zum Millionär 75
Chlecher bhal L oualid ou machi man ghssil tbassel l millionaire

Der kleine Jesus und die marokkanischen Jecken 82
Papa Nöel ou l karneval

Vür sönd allemoele Öcher Jonge............................84
koulna chabab Öcher

Irgendeiner steht uns immer bei.............................89
lah dima maana

Der Himmel auf Erden......................................92
bhal jana f lard

Die Zeit war nicht stehen geblieben 96
louakt mabkach ouakaf

Zweimal verheiratet..99
Majouaj jouj marat

Ich bin ein reicher Mann!..................................107
ana labas aalia!

Glossar 111

Wie das Buch entstand 112

Danksagung 113

Ali, wo bist du?
a fink a Ali?

Hatte etwa gerade das Handy geklingelt?
Der Traum von meiner großen Reise damals wird jäh unterbrochen. Dazu höre ich Kinderstimmen rufen: »Ali, Ali, wo bist du?, komm ins Wasser!«

Wo bin ich eigentlich?, frage ich mich im ersten Augenblick, und warum rufen Kinder nach mir?

Jetzt erst merke ich, dass ich eine Badehose an habe und auf einem breiten Handtuch liege. Sollte ich nicht die Kinder ins Schwimmbad begleiten und auf sie aufpassen?, fährt es mir durch den Kopf, und das bereitet mir plötzlich ein verdammt schlechtes Gewissen.

Ich blinzele in die Sonne und sehe über mir herrlich grüne Bäume. Um mich herum höre ich wieder die vielen vergnügt lachenden Stimmen und das Klatschen der ins Wasser des Hangeweihers abtauchenden Badegäste.

Ist es nicht verrückt? Ein junger Marokkaner liegt auf einer Wiese in einem Schwimmbad in Aachen und verbringt seine Freizeit mit kleinen Kindern!

Ich liebe diesen Luxus: Während sich in Marrakech oder wo auch immer in Marokko nur die ganz Reichen einen Swimmingpool leisten können, ist es für mich vollkommen normal geworden, meine Badesachen zu packen und mich auf den Weg ins kühle Nass zu machen. Unter der Voraussetzung, dass es auch einmal so etwas wie Hitze oder auch nur Wärme in diesem ewig kalten und verregneten Land gibt! Wie oft habe ich mich danach zurückgesehnt, jeden Morgen von der afrikanischen Sonne gestreichelt zu werden und abends lange die Wärme zu genießen und auf den Sonnenuntergang zu warten!

Zuhause habe ich nach dem Grundsatz aller Marokkaner gelebt: Die Eile ist vom Teufel! *Zarba men chitan!* – Anders hier! Nur wer fix ist, bringt es zu etwas! Hab' ich mich schon daran gewöhnt und laufe auch ich inzwischen als Hamster in dem Laufrad, das sich täglich dreht? Aber nur nicht hier auf der Wiese in diesem herrlichen Schwimmbad!

Ich will nicht ungerecht sein. Hier in Deutschland ist es schön!

Und wer so fröhlich meinen Namen ruft: das sind die Freundinnen meiner kleinen Tochter, die es sich heute im Freibad gut gehen lassen...

Mit Touristen auf Du und Du
dima nachet maa tourist

Ich war gerade mal wieder von einem Treffen mit meinen beiden Freunden Abdel und Ftah aus der endlich vergangenen Schulzeit nach Hause gekommen. Wir hatten wie so oft die *Medina* von Marrakech durchstreift.

Bisher war es immer so gewesen, dass wir mit dem einen oder anderen in den *Souks* ein Schwätzchen gehalten hatten und uns dabei nach Gott und der Welt erkundigten.

Wir waren ohne ein bestimmtes Ziel umhergezogen, auch nicht in der Absicht, irgendetwas einzukaufen.

Nationenraten war unser Spiel gewesen, wenn wieder eine Horde Touristen durch die engen Gassen geschoben kam.

Bewaffnet mit Strohhut und ins Haar oder auf die Glatze gedrückter Sonnenbrille drängten sich die Leute zwischen den Läden durch die engen Gassen und bestaunten mit großen Augen das orientalische Warenangebot. Sie blieben hier stehen, verschwanden dort für Augenblicke in einem der Lädchen, fassten Stoffe an, probierten heimlich von den Feigen und Nüssen und lächelten interessiert dem Schneider zu, der in seiner winzigen Werkstatt hockte und dachten: Du armer Kerl musst dir bei Lampenlicht für ein paar Dirham am Tag die Augen verderben. Wie gut haben wir es dagegen!

Angeführt vom Reiseleiter mit dem roten Schirm, der offensichtlich immer rot sein musste und den er wie ein königliches Zepter hoch hielt, näherten sich die Fremden langsamen Schrittes. Hatte Allah nicht nur uns Marokkanern, sondern auch ihnen den Rat gegeben: »Die Eile ist vom Teufel!«?

Wir rätselten über ihre Herkunft. Deutsche, Holländer, Dänen? – und machten den Versuch mit: »Du deutsch?«

Wenn die freundlichen Touristen bejahend zurück lächelten, zeigten wir, wie beschlagen wir waren: »Bayern München – gut!« und »Volkswagen – gut!« Dabei streckten wir strahlend den Daumen hoch. Und die Touristen streckten ihren zurück. Nie habe ich darüber nachgedacht, dass ich einmal selbst einen VW besitzen würde – und zwar in Deutschland!

Wir zogen nur zu gern über den an die Souks grenzenden Platz *Jemaa el Fna* mit seiner orientalischen Geschäftigkeit und dem ohrenbetäubenden Lärm, mit nervenstarken Pferden, Kutschen, Trommlern, Wasserträgern und Schlangenbeschwörern, die alle zusammen ein Teil unserer Stadt waren. Trottete schon mal ein bepackter Esel durch die Enge der Souks, begleitet vom Rufen seines Herrn, »balak!, balak!«, so war es auf dem *Platz der Verdammten* oder der *Geköpften* völlig anders. Der von Allah gegebene Rat, *Weile statt Eile* walten zu lassen, galt hier nicht.

Wegen dieser Gegensätze hätten wir damals in keiner anderen Stadt leben mögen. Außerdem kannten wir kaum andere Städte!

Diesmal war unser Streifzug durch die Souks aber nicht wie sonst gewesen.

Ein Hauch von Abschied hatte in der Luft gelegen. War für uns drei plötzlich jene Leichtigkeit verloren gegangen, die uns blind gemacht hatte für die wirtschaftliche Not in unserer Umgebung? Oder hatten wir früher schon unbewusst den Gegensatz zwischen einer reichen Oberschicht und dieser Einfachheit in den engen Gassen und dem Elend an den Ausfallstraßen wahrgenommen, aber nichts davon wissen wollen? Oder kannten wir es nicht anders?

Waren wir kritischer geworden, so dass in unseren Köpfen allmählich der Entschluss gereift war, nach dem Abitur die Heimat zu verlassen? Oder war es einfach die jugendliche Lust auf Neues? Wollten wir nur raus aus der Enge unseres Landes?

Viele Fragen, die nicht eindeutig zu beantworten waren. Vielleicht war es auch besser so!

Touristen verdrehen die Augen, wenn sie zuhause von Marokko schwärmen: die Weite der Wüsten, himmelhohe Gebirge, die mittelalterlichen Städte, die Farben und Gerüche – und natürlich erwähnen sie uns als freundliche Menschen, von denen aber mancher nur so verbindlich tut, weil er ein Geschäft wittert. Aber es gibt auch den liebevollen Umgang der erwachsenen Kinder mit ihren gebrechlichen Eltern, der Altenheime überflüssig macht.

Begeistert stürzen die Touristen aus den Bussen und fotografieren auf Teufel komm raus die Ziegen auf den Arganbäumen, in deren Schatten die gewitzten Hirten lauern, um sich ihr bakschisch abzuholen. So etwas wie Sozialhilfe gibt es ja nicht – und Hunger macht bekanntlich erfinderisch!

Nie war mir klar, wovon ein Schafhirte im Atlasgebirge leben kann, wenn er stundenlang auf einem winzigen Stück vertrockneter Weide zwei oder drei Schafe bewacht. Aber es scheint zu funktionieren.

Und es scheint auch so zu sein, dass die Fischer an der Atlantikküste von ihren minimalen Einkünften leben können. Auch der Standbetreiber mit seinem geringen Angebot lebt von seinen kärglichen Einnahmen wie auch der Wasserträger, der mit Glöckchen, Tamburin und großem Hut die fotobesessenen Besucher der Stadt um Geld angeht. Fühlen wir Einheimischen uns überhaupt als arm?

Was war dran an der Behauptung, dass in Deutschland, Holland, in den skandinavischen Ländern oder auch in Teilen Frankreichs eine andere Vorstellung von Arm und Reich herrscht, als bei uns?

Sind meine Eltern arm oder reich? Ich kann es nicht beantworten. Auf jeden Fall sind sie zufrieden und glücklich mit ihrem Schicksal, schließlich haben sie ein geregeltes Einkommen – und sechs wohl geratene Kinder.

Weg, nichts wie weg!
yalah fhalna man hna

Wie habe ich es nur fertig gebracht, mit meinem Vater immer dann aneinander zu geraten, wenn es um meine Zukunft ging?

Klar, er und meine Mutter hatten sich hier und da Sorgen gemacht, wie es jedem mit einem Sohn ergeht. Besonders aber mit einem Burschen, wie ich einer war: Ich hatte das Leben leicht genommen, war des Öfteren so spät nach Hause gekommen, dass es schon wieder früh war. Und nun – der Schulabschluss stand vor der Tür – wollte ich zu allem Übel meiner Heimat den Rücken kehren! Und das auch noch völlig freiwillig!

»Wohin um Allahs Willen willst du denn?«, fragten meine Eltern. »Bietet dir Marokko nicht genug?«

Die Antwort sparte ich mir wohlweislich auf. Ich verschanzte mich hinter Unverbindlichkeiten: »weiß noch nicht genau« – oder: »mal sehen...«

Meine Mutter ahnte bereits, dass ich mit meinen beiden Freunden Pläne schmiedete. Manchem meiner Gedankenfetzen konnte sie entnehmen, dass wir zunächst überlegten, in einem Land zu studieren, in dem französisch gesprochen wird.

Da gab es viele Möglichkeiten – Frankreich war besonders naheliegend. Als Halbwüchsiger hatte ich mit Paris die berühmten schönen Französinnen verbunden. Mittlerweile waren es auch Montmartre, die Champs-Elysées und der Louvre. Welch' eine Welt!

Kanada mit seinen unendlichen Weiten, den Bären und hohen Gebirgen wäre auch interessant gewesen. Das Land war aber doch ganz schön weit weg.

Belgien konnte in der Rangliste nicht mithalten, zumal nur ein Teil davon französisch spricht. Es wäre demnach nur ein Ersatzland gewesen. Und so hofften wir insgeheim, dass Belgien herausfallen würde.

Meinem Vater ließen meine Pläne keine Ruhe. Rastlos lief er durchs Haus. Hatte er an seine eigene Jugendzeit gedacht, in der vieles so anders war als heutzutage? Gönnte er uns unsere Späße, oder nicht?

Klar, in seiner Jugend mussten die Eltern für Alles und Nichts gefragt werden. Sie wollten es so, um Kontrolle ausüben zu können. Kontrolle! Was sie erfahren sollten, erfuhren sie. Und nicht mehr! Das ist wohl überall auf der Welt dasselbe.

Mein Vater arbeitete damals in Paris. Wenn er nach langen Monaten zum Urlaub nach Hause kam, bepackt mit Geschenken für uns Kinder, erzählte er mir begeistert von der Stadt mit den wunderbaren Parks und den hohen Gebäuden. Da gab es viele breite Straßen voll von glänzenden Autos und die riesigen Kaufhäuser, in denen man die tollen Spielsachen kaufen konnte. Natürlich waren damals das Abitur oder gar ein Studium keine Gedanken wert. Aber bei mir kamen sie auf!

Die Zeit verging, und mehr und mehr wuchs in mir der starke Wunsch, Marokko und Afrika zu verlassen.

Meine Eltern hatten mir achtzehn Jahre zuvor als einen Teil meines Vornamens den kurzen und hell klingenden Namen Ali gegeben, wie ihn Tausende haben. Sie waren davon überzeugt, dass ein Ali wie eine gerade gewachsene Dattelpalme gedeihen würde. Er würde Früchte abwerfen, eigene Früchtchen zeugen und damit dem Land samt seinem König dienen. Schließlich hat Ali etwas mit Erhabenheit und edler Gesinnung zu tun.

Eigentlich heiße ich ja Mohamed Ali und werde in Marokko auch so gerufen. Nur heute in Deutschland ist mein Rufname Ali. Dort ist alles in Eile, selbst bei den Namen!

Mein Vater beschloss, mich so zu nennen, obwohl dies in Marokko selten ist. Die meisten heißen wie der Prophet Mohammed oder dessen Neffe Ali.

Mein Vater bildete daraus meinen Doppelnamen, vielleicht inspiriert durch den berühmten Boxer? Als Junge vereinnahmte ich dessen Fähigkeiten und heftete sie mir als Etikett an die Brust: Stark und talentiert wollte ich sein! Was ich allerdings erst hätte beweisen müssen! Und gläubig wie er wollte ich auch sein. Ja, das wollte ich!

Als wir schließlich in den Abiturvorbereitungen waren, traf ich zufällig meinen Schulfreund Said, der ein Jahr zuvor für ein Ingenieurstudium nach Deutschland gegangen war und nun seine Ferien in Marrakech verbrachte.

Da wir uns lange Zeit nicht gesehen hatten, beschlossen wir, uns zu einem Tee ins nächste Café zu setzen, von denen es am Place Jemaa el Fna ja genug gibt.

Zuerst sprachen wir über dies und das. Schließlich hatten wir uns eine Ewigkeit nicht mehr gesehen.

Dann rückte ich mit meinem Plan heraus, auch im Ausland studieren zu wollen. »Aber wo?«, schob ich kleinlaut nach.

Seine Augen leuchteten, als er vorschlug: »Komm nach Deutschland. Dort kann man auch studieren. Es gibt für dein Fach Elektrotechnik sehr gute Universitäten.«

Und vielleicht auch welche für Abdel und Ftah mit den Studiengängen Maschinenbau und Bauingenieurwesen, kam es mir in den Sinn – denn allein wollte ich nicht in dieses ferne Land aufbrechen.

Mir schien, Said habe sich ein Deutschlandvirus eingefangen. Denn auf meinen Einwand hin, dass l'allemania doch eine verdammt schwere Sprache sei, tat er meine Bedenken mit einer Handbewegung ab und meinte: »Das kannst du ja lernen!«

Wochen nach diesem schicksalhaften Zusammentreffen mit Said wurde mir erst bewusst, dass entweder Allah oder der Teufel mit an dem kleinen Tisch in dem Café gesessen haben musste, denn ich hätte es zu diesem Zeitpunkt nie für möglich gehalten, dass ich kurz danach doch tatsächlich auf dem Weg war nach… Deutschland! Inshallah! *So Gott will!*

Was war der Grund, vielleicht dort zu studieren und zu leben? Reizte die völlig andere Sprache? Vielleicht auch das Besondere der deutschen Geschichte und Kultur?

Marokko wurde über viele Generationen von einem Königshaus zusammengehalten und hatte sich gesellschaftlich kaum weiter entwickelt. Es war uns möglicherweise zu verkrustet.

Deutschland dagegen war 1990 aus zwei Staaten wieder zu einem vereinten Land geworden. Berlin war nun wieder die gemeinsame Hauptstadt und nicht mehr das mickrige Bonn.

Wahrscheinlich reizte uns drei junge Kerle die dortige Aufbruchstimmung, von der man im Fernsehen hier und da etwas mit bekam. Gigantische Regierungsgebäude entstanden in Berlin und zogen die Blicke der Welt auf sich. Da muss etwas dahinter sein, sagten wir uns. Außerdem liegt das Land so günstig mitten in Europa, dass man rings herum von interessanten Nachbarn umgeben ist.

Das alles wollten wir kennen lernen – und zwar nicht als Touristen, sondern als dort lebende Studenten!

Kaum hatte ich mein Abiturzeugnis erhalten, ging es mit dem Stress los, der nur vergleichbar ist mit den Vorbereitungen auf eine wichtige Prüfung im Studium – oder auf eine Hochzeit. Da soll es ähnlich turbulent zugehen!

Noch fühlte ich mich wie Mohamed Ali nach seinem größten Kampf und war dankbar für alles.

Aber ab sofort war keine Zeit mehr für Stolz und Dankbarkeit. Ich befand mich in den Niederungen des stumpfsinnigen Sammelns von Unterlagen für meine weitere Ausbildung. Abdel, Ftah und ich bekamen es nun hautnah mit der deutschen Bürokratie zu tun: beantragen, beibringen, kopieren, beglaubigen. Wie oft habe ich diese Wörter noch gehört! Hinzu kam, dass Kopien 1992 wesentlich umständlicher als heutzutage angefertigt werden konnten. Anschließend mussten sie ins Deutsche übersetzt werden, in eine Sprache, die jeden Lernwilligen zur Verzweiflung bringen kann: der, die oder das? Nominativ, Genitiv, Dativ oder Akkusativ? Deklinationen und Konjugationen...

Eine Ahnung davon hatten wir schon in den beiden Deutschkursen während unserer Schulzeit bekommen.

So saß uns das Gespenst, unsere Ziele allein wegen der Sprache nicht zu erreichen, ständig im Genick.

Die Bewerbungen waren natürlich auch in die französisch sprachigen Länder gegangen: nach Frankreich, Kanada und Belgien. Die Texte hierfür waren uns logischerweise glatt aus der Feder geflossen.

Aber Deutsch? Mit der Hilfe lieber Menschen war es uns schließlich gelungen, den Bewerbungstext so zu gestalten, dass er bei einem wohlwollenden Sachbearbeiter in Deutschland schmunzelnd zur Kenntnis genommen werden konnte.

Nervenaufreibende Wochen des Wartens begannen. Welches Land würde das Rennen machen?, fragten wir uns, während wir uns mit Fußballspielen abzulenken versuchten.

Wir schlenderten ziellos durch die Souks und knatterten mit den Mopeds in den Gassen und Vororten herum. Und zur Abkühlung von der Hitze Marrakechs verzogen wir uns immer wieder ins *Ourikatal*.

Je mehr Tage und Wochen vergingen, desto elender fühlte ich mich. Wo waren meine Aufbruchstimmung und Abenteuerlust geblieben? Und was besonders schlimm war: Ich bekam Angst vor der eigenen Courage.

Dazu die stummen Anklagen der Mutter: »Warum willst du weg von deiner Heimat? Wenn der Teufel dahinter steckt, schickt man dich vielleicht nach Deutschland, obwohl du die Sprache gar nicht sprichst!«

Meine Geschwister aber drückten mir die Daumen, denn insgeheim waren auch sie auf dem Absprung in eine andere, neue und aufregende Welt.

Und es kam, wie es kommen sollte: Die deutsche Bürokratie ist bekanntlich sehr genau, fast kleinlich. *Pingelig*, wie meine späteren Freunde in Deutschland dazu sagen – und sie war trotzdem schnell!

Eines schönen Tages öffnete ich mit leicht zitternden Fingern einen Briefumschlag aus Deutschland. Meine Mutter und Geschwister standen um mich herum und hielten den Atem an. Man hätte die Spannung mit Händen greifen können: Es war eine Zulassung zur Universität in… Clausthal-Zellerfeld!!

Ob Abdel und Ftah auch zu diesem ominösen Ort geschickt wurden?

Wir alle schauten uns verdutzt an. Berlin kannten wir aus dem Fernsehen oder der Zeitung, auch München, Köln, Düsseldorf oder Hamburg. Doch von diesem Ort hatte bislang niemand etwas gehört.

Ich schaute gleich im Atlas nach und fand mit Mühe die kleine Stadt in einem Gebirgszug namens Harz, mittendrin in Deutschland.

Meine Mutter betrachtete mich aus den Augenwinkeln. Mir schien, als ob es ihr recht war, dass ich zumindest nicht in einer Großstadt landen würde, denn dort war die Moral nach landläufiger Meinung so ähnlich verrucht wie die in den Nachtstunden rund um den Jemaa el Fna. Was ich damals aber ganz anders gesehen hatte, denn Berlin oder München wären für mich so etwas wie Paris gewesen!

Nun war es passiert! Deutschland hatte im Rennen vor den anderen Ländern gesiegt und machte den Weg frei für unser großes Abenteuer.

Das Durcheinander im Kopf mit allem, was nun kommen sollte, wurde von Stunde zu Stunde schlimmer. So viele Gedanken hatte ich noch nie in meinem Leben mit mir herumgetragen.

Was sollte ich nun als Erstes erledigen? Ruhe, nur Ruhe bewahren, sagte ich mir. Schließlich hatte ich das Abitur in der

Tasche und nun auch die Zulassung zum Studium in Deutschland, um dort mein Wunschfach Elektrotechnik zu studieren.

Die Aufregung war groß: Das Schicksal schickte uns tatsächlich in ein Land, dessen Sprache wir so gut wie nicht beherrschten! Ein Intensivkurs an der deutschen Uni würde uns also nicht erspart bleiben. Da ging es um Sein oder Nichtsein!

Ich sah schon die langen Gesichter meiner Familie, wenn der Sohn unverrichteter Dinge zurückkehren würde und der Bewerbungszirkus von vorne losgehen müsste. Diese Schande würde die Tatsache, das Abitur bestanden zu haben, bei weitem überwiegen.

Allerdings wunderten wir uns, wo eigentlich die Antworten der französischsprachigen Länder blieben. Hatten sie es nicht eilig mit der Bearbeitung unserer Anträge? Sollten wir auf sie noch warten? Was würde sein, wenn wir dort abgelehnt würden?

Wir fühlten uns in der Enge wie *zwischen dem Blinden und seinem Stock*: Deutschland – oder als einzige Alternative vielleicht gar nicht weg von Marokko? Fragen über Fragen!

Bald danach saßen wir im Nachtzug nach Casablanca, um dort persönlich beim deutschen Konsulat das notwendige Studien-Visum zu beantragen. Dazu gehörte auch, vorher zu unseren Eltern zu gehen und sie um eine Bürgschaft zu bitten. Diese sollte Erkrankungen, Schulden sowie eine notwendige Rückfahrt nach nicht bestandener Uni-Aufnahmeprüfung abdecken.

Allein die Vorstellung, zu versagen und mit hängenden Ohren nach Hause zurück zu müssen, verursachte bei mir schlaflose Nächte. Auch musste ich mir die Frage beantworten: Hatte ich nicht gegen den Wunsch der Eltern meinen Kopf durchgesetzt? Schließlich könnte eine Bürgschaft die ganze Familie finanziell sehr belasten, ja, sogar ruinieren.

Irgendwie kam ich mir plötzlich egoistisch vor. Schließlich gab es noch fünf weitere Kinder in unserer Familie, die alle früher oder später den Eltern an das Portemonnaie wollten.

Doch ich erhielt die Zusage meiner Eltern! Nun konnte ich zusammen mit meinen Freunden unserer ungewissen und spannenden Zukunft entgegenblicken.

Bis heute bin ich meinen Eltern sehr dankbar für ihre Unterstützung.

Wir warteten und warteten auf eine Reaktion des Konsulats.

Von nun an waren für mich alle Nachrichten über Deutschland im Fernsehen oder Informationen sonstiger Art interessant und wichtig.

Der deutsche Bundeskanzler Helmut Kohl war zum Staatsbesuch im Land, um die traditionell guten Beziehungen zwischen Marokko und Deutschland zu vertiefen. Es freute mich, dass er nach Rabat gekommen war. Und ich schaute mir alles darüber im Fernsehen an. Groß wie ein Schrank überragte er alle, als er in unserer Hauptstadt zusammen mit König Hassan II die Ehrenformation abschritt. Ob alle Deutschen so riesig sind?, fragte ich mich.

Mehr aber interessierte mich die deutsche Bundesliga mit Rummenigge und Breitner als Idole. *Rümmenigge* sprachen wir seinen Namen aus, bis wir später in der BILD-Zeitung etwas über Rummenigge, nur mit u, lasen.

Mehr und mehr richtete ich meine Antennen nach Deutschland aus.

Meiner Mutter war nicht entgangen, dass mir die Warterei ziemlich zusetzte. Allmählich wurde auch sie nervös, die sonst nichts aus der Ruhe bringen konnte. Ob wir Gäste hatten oder eine weitreichende Entscheidung anstand – sie blieb stets gelassen.

In meinem Fall war es aber anders. Einerseits wollte sie nicht, dass ich aus Marokko fortging, andererseits wollte sie mich auch nicht leiden sehen.

Und was macht dann eine Mutter? Sie wird aktiv!

So begann sie, sich immer vor der Haustüre herum zu drücken, wenn sie wusste, dass der Briefträger in der Nähe war. Mal kehrte sie vor dem Haus die Straße, ein andermal wollte sie gerade in diesem Moment zum Einkaufen gehen, und jedes Mal fragte sie ihn nach Post für mich.

»Jmiaa, sobald ich was für den Mohamed Ali habe, bringe ich es dir!«, meinte er dann verständnisvoll.

Nach vier Wochen hielt ich die Ungewissheit nicht mehr aus.

Ich griff zum Telefon und erfuhr aus dem deutschen Konsulat in Casablanca, dass tatsächlich unsere drei Studien-Visa eingetroffen waren und zeitnah abgeholt werden konnten!

Noch ehe meine Familie davon erfuhr, raste ich mit dem Moped zu Abdel, der von den beiden Freunden am nächsten wohnte.

Dann knatterten wir überglücklich johlend zu Ftah.

»Ich fühl' mich wie vom Maulesel getreten«, rief ich ihm aufgeregt zu. Dieser hatte noch nicht ganz begriffen, dass es jetzt endlich zu einer Entscheidung gekommen war.

Wir saßen auf den Stufen vor seinem Elternhaus und sinnierten über unsere neue Situation, wobei plötzlich wieder die Frage nach der Richtigkeit unseres Vorhabens aufkam. Wir liebten unser Heimatland, seine Menschen und Kultur, und wir hätten ohne weiteres hier einen Studienplatz bekommen. Doch wir wollten um jeden Preis heraus!

Diese Chance mussten wir unbedingt wahrnehmen. Darin waren wir uns sicher, und so fegten wir für alle Zeiten unsere Bedenken weg.

Wir fühlten uns als Einheit, die durch nichts zerstört werden konnte und waren uns nie mehr so nahe wie in diesem Moment!

Es blieben noch vier Wochen, um von unseren Familien und Freunden Abschied zu nehmen.

Nachdem auch meine Geschwister aus ihrem Freudentaumel wieder in den Normalzustand zurückgekehrt waren, halfen sie mir für die Reise in das fremde Land. Nur der kleine zweijährige Youssef schaute sehr traurig zu. Oft versuchte ich ihn zu trösten, was aber kaum gelang. Er war mir böse!

Meine Mutter tat mir aufrichtig leid, denn dieser Schritt war für sie besonders schwer, und die Tränen, die sie weinte, waren keine Freudentränen, wie sie es manchmal vorzugeben versuchte.

Am selben Tag hatte ich meinen Vater in Paris telefonisch über die Zusage informiert. Er erfasste die Situation aus der Sicht eines Vaters, indem er mir ruhig antwortete: »Mohammed Ali, du hast dich so entschieden. Nun musst du dein Studium in Deutschland schaffen. Ein Zurück gibt es jetzt nicht mehr. Alles andere wäre ein Versagen!«

So ist er, mein Vater: klar in der Aussage, aber im tiefsten Herzen gütig.

Ich hatte verstanden und legte den Hörer auf.

Die Reise beginnt
bda safar

Der große Tag des Abschieds war gekommen, und bis zur Stunde hatten wir nur von einem anderen Land – Kanada – eine Zulassung bekommen. Kurzfristig hatte ich mir dann auch Gedanken darüber gemacht, wie es wäre, in Kanada zu studieren. In meinen Träumen hatte ich das Land im Kajak erkundet. Ich war in die Wildnis eingetaucht und hatte mit Bären vor meiner Hütte gefrühstückt!

Nein, ich war zufrieden mit meiner Entscheidung, trotz der Verlockung, die sich mir bot, kurzfristig doch nach Kanada aufbrechen zu können.

Überzeugt davon, richtig entschieden zu haben und gleichzeitig überaus nervös und kurz vorm Heulen, stand ich am Bahnsteig in Marrakech. Es war die kaum zu ertragende Atmosphäre, die bei Abschieden für lange Dauer herrscht.

Da alles geregelt war, wurde nur Nebensächliches wie über das Wetter oder die Ausstattung des Zuges geredet. Die Geschwister schlichen um mich herum, meine Mutter weinte, und ich war froh, dass die beiden Freunde zwischen ihren Angehörigen ebenso unschlüssig herumstanden wie ich.

Obwohl in unserer Familie Abschiedsszenen fast zum Alltag gehörten, berührte uns alle die heutige besonders, denn wenn mein Vater für neun Monate zur Arbeit nach Paris fuhr, wusste man, dass er danach drei Monate zuhause sein würde. Und alles war gut und geregelt.

Heute war es anders. Und ehrlich gesagt: Als wir drei an diesem Novembertag 1992 pünktlich um 1 Uhr nachts dann endlich im Zug nach Tanger saßen,– neben mir mein prall gefüllter Rucksack, eine große Reisetasche und ein Beutel mit Proviant, den meine Schwester liebevoll vorbereitet hatte – war ich froh.

Wir schauten so lange aus dem Fenster, bis die winkenden Hände in der Dunkelheit verschwunden waren.

Dann hockten wir lange Zeit auf unseren Plätzen, ganz ruhig und still. Bis Abdel irgendwann murmelte: »Wir werden nicht etwa gleich wach und alles war nur ein Traum, oder?«

Schließlich schliefen wir ein. Pfeiftöne und Lichterfetzen an den Bahnhöfen in Casablanca und Rabat und woanders ließen uns immer wieder aus unserem unruhigen Schlaf aufschrecken.

Nach vielen Stunden kamen wir in der turbulenten Hafenstadt Tanger an, übermüdet und angespannt. Hier schienen Afrika und Europa besonders sichtbar zusammenzustoßen. Dunkelhäutige Araber in ihren farbenfrohen Kleidern, Europäer, Afrikaner in allen Schattierungen, einheimische, lärmende Händler – und wir mitten drin!

Als wir unser Gepäck aus dem Waggon geholt hatten, trotteten wir in Richtung Hafen.

Wenige Schritte, und wir verließen unser Heimatland und einen ganzen Kontinent. Drüben lag das europäische Spanien.

Marokko und Afrika, bslama!

Direkt vor uns ankerte das riesige Fährschiff, das uns nach Erledigung der Zollformalitäten nach Algeciras bringen sollte. Der Kahn, wie wir das Schiff respektlos nannten, hatte Ausmaße, von denen wir vorher keine Vorstellung hatten. Güter aller Art wurden ein- und ausgeladen. Passagiere mit Überseekoffern und Rucksäcken betraten das Schiff. Mitglieder der Mannschaft in ihren schicken weiß-blauen Uniformen kontrollierten unsere Tickets, die wir im Fährbüro gekauft hatten, und wiesen uns die Plätze zu.

Kurz danach wurden die riesigen Dieselmotoren auf volle Kraft gestellt und ließen das Schiff leicht erzittern. Die armdicken Haltetaue wurden von Arbeitern an der Kaimauer von ihren stählernen Halterungen genommen und ins Wasser geworfen, von wo sie an Bord gezogen wurden.

Langsam schob sich das wuchtige Schiff aus dem Hafen von Tanger. Die Überfahrt hatte begonnen.

Von der Reling aus blickten wir zurück und wussten, dass wir unsere Heimat nicht so bald wiedersehen würden. Schauten wir nach vorn, sahen wir, wie die spanische Küste nach und nach näher kam.

Die Überfahrt in die andere Welt hatte vorwiegend darin bestanden, es uns an Deck gemütlich zu machen und die restlichen Lebensmittelvorräte von zu Hause bis zum letzten Krümel zu verschlingen – ja, zu verschlingen, denn wir hatten schon wieder Bärenhunger. Wir beobachteten zufrieden kauend das Wasser der Straße von Gibraltar tief unter uns und das Treiben an Bord.

Nach dem Anlegen auf der spanischen Seite im Hafen von Algeciras mussten wir die strengen Blicke der spanischen Zollbeamten über uns ergehen lassen. Widererwartend lief die Passkontrolle problemlos ab. Wir hatten ziemlich schnell unser Gepäck wieder geordnet, nachdem vorher die Grenzpolizisten in den Rücksäcken, in den Taschen und Beuteln herumgewühlt hatten.

Danach fühlten wir uns frei und gleichzeitig einsam in diesem unbekannten Land.

Es war uns bewusst, dass wir auf der Zugfahrt durch Spanien für Essen sorgen mussten. Und: Ab sofort war striktes Sparen angesagt! So kam der luxuriöse Speisewagen natürlich nicht in Frage.

Vor dem Bahnhofsgebäude ließen wir uns im Schatten nieder. Ich war durch die Hitze des Tages müde geworden und in einen traumähnlichen Zustand geraten. Eine würzige *tajine* mit Huhn und Zitrone meiner Mutter stieg mir in die Nase, und ich sah ihre Handbewegung, mit der sie den Deckel von dem Tongefäß hob und den Blick auf die dampfende Köstlichkeit freigab...

Doch schon war es wieder vorbei mit der wunderbaren Traumwelt, die mich zwar nicht satt, aber für ein paar Momente glücklich gemacht hatte.

Mich rüttelte jemand an der Schulter. Ich blinzelte durch die halb geöffneten Lider und erkannte Abdel. »He, Moulay« – in Marokko nennen wir uns beim Familiennamen – »ich geh jetzt mal los.«

Dankbar für die gute Tat, die ich nicht vollbringen musste, fiel ich wieder in einen leichten, oberflächlichen Schlaf.

Es müssen gefühlt mehrere Stunden gewesen sein, als Abdel endlich wieder erschien. Er hatte zwei Tüten mit Wurst und Brot bei sich, die er uns stolz präsentierte. »Der erste Einkauf in Europa«, meinte er lächelnd und breitete die Waren liebevoll vor uns aus.

Arglos, aber doch sorgenvoll, fragte Ftah den Freund: »Hast du dich überhaupt erkundigt, ob es kein Schweinefleisch ist?«

Abdels freudiges Gesicht erstarrte. »Reicht dir noch nicht, was wir bisher alles durchgemacht haben?«, kam es scharf zurück. »Die Spanier verstehen kein Französisch und ich kein Spanisch! Iss' das – oder lass es sein!«

Nach dieser Standpauke ließen wir es uns trotzdem wunderbar schmecken! Oder war doch etwas Unbehagen dabei?

Noch heute habe ich die Bilder der am Zugfenster vorbei fliegenden Landschaften Spaniens bis hinauf zu den Pyrenäen vor mir.

Es war so aufregend, dass wir zunächst nicht schlafen konnten. Auch deshalb nicht, weil uns offensichtlich wohlmeinende Bekannte zuhause vor Raubüberfällen in den spanischen Zügen gewarnt hatten. Zu dem Zweck war unser Bargeld gut verwahrt in Bauchtaschen verstaut, die wir uns in einem der Geschäfte in der Medina von Marrakech als Sonderanfertigung aus echtem Leder hatten machen lassen.

Diesen Reichtum wollten wir uns keinesfalls klauen lassen und beschlossen daher, es den Nomaden nachzumachen, wenn sie auf ihre Rinder achten müssen: Wir hielten reihum Wache!

Wenn Abdel und ich schlafen durften, war dieser innerhalb weniger Augenblicke nicht mehr ansprechbar. Ftah dagegen traute ich zu, alles Mögliche zu machen, nur nicht aufzupassen. Also schlief ich auch nicht! Ftah muss es mir gegenüber auch so ergangen sein. Wir trauten uns gegenseitig nicht. Nur Abdel nutzte seine Schlafzeiten vollständig und war danach entsprechend munter.

Der Umgang mit dem fremden Geld war uns nicht geläufig. In Marokko kann man immer mit dem vertrauten Dirham bezahlen, der in unserem riesigen Land überall gültig ist. Im kleinsten Dorf am Atlasgebirge und auch im vornehmen Casablanca bekommt man etwas dafür.

Damals gab es noch nicht den Euro, den wir wie alle in Europa erst ab 2001 zu schätzen lernten. Das half uns jetzt aber nicht weiter.

Vorsorglich hatten wir uns an den Banken in Marrakech mit Pesos für Spanien, mit französischen Francs und für Deutschland mit der Deutschen Mark eingedeckt. Dementsprechend fühlten wir uns für alle Fälle gewappnet, ziemlich reich, aber eben sehr gefährdet!

Wir vertrieben uns die Zeit mit Kartenspielen, fragten uns Grammatikregeln ab oder studierten die Informationen über unser baldiges Ankunftsland, von dem wir ja nicht sehr viel wussten.

Klar, die Bundesliga kannten wir. Wir hatten auch schon von Bach und Beethoven gehört. Wir wussten auch, wie die Hauptstadt heißt und dass Deutschland den 2. Weltkrieg angezettelt und hoch verloren hatte. Deshalb waren wir verwundert darüber, dass dieses Land heute so reich ist und so viele Unis besitzt.

In einer ruhigen Minute fragte ich mich, ob es im Leben so etwas wie Vorsehung gibt. Religiöse Menschen schwören darauf und lehnen sich entspannt zurück, weil nach ihrer Überzeugung ja alles vorbestimmt ist. Trotzdem sollte man vorsichtig über die Straße gehen, um dem Schicksal nicht ins Handwerk zu pfuschen. Hier geht es um die wirklich knalligen, einschneidenden Ereignisse, von denen man getroffen werden kann, ohne es vorher zu ahnen.

So war mir immer noch der entscheidende Tipp meines Schulfreundes Said für mein zukünftiges Leben »l'allemania – kannst du lernen!« im Ohr. Knapp und einleuchtend war seine Begründung für ein Studium in Deutschland gewesen.

Wie wäre mein Leben verlaufen, wäre ich damals nicht durch die Medina spaziert und Said begegnet!? Hatte mich eine gütige Hand gelenkt? Ich weiß es nicht – und werde es auch nicht ergründen.

Ohne diesen Zufall wäre ich jetzt vielleicht in Kanada, denn das *grüne Licht* hätte ich notgedrungen angenommen.

Ab den Pyrenäen, deren östliche Ausläufer wir durchquerten, ging es nordwärts durch Südfrankreich. Wo waren eigentlich die Zöllner geblieben, die uns an der französischen Grenze hätten kontrollieren müssen?

Vom Schengener Abkommen, das demnächst auch die Zollkontrollen in Europa überflüssig machen würde, hatten wir in der Schule kurz vor dem Abitur noch gehört. Um die Theorie mit etwas Anschauung zu bereichern, hatte der Lehrer mit uns geografische Ratespiele gemacht. Etwa: Wie viele Kontrollen muss ein Tourist auf dem Weg von Malaga in Spanien bis zum Nordkap in Norwegen über sich ergehen lassen? Da nach Marokko keine Maus unkontrolliert rein oder raus kommt, war diese Fragestellung für uns ungewöhnlich.

Nun erlebten wir selbst, dass keine Zöllner auftauchten. Offensichtlich mussten die Grenzbehörden ihre Aufgaben schon jetzt nicht mehr so ernst nehmen.

Nur einmal, in der Nähe der französisch-deutschen Grenze, erschien eine Zollstreife, sah unsere ehrlichen und harmlosen – wenn auch unrasierten – Gesichter und kontrollierte nur die Ausweise. Schon waren die Beamten weiter gezogen.

Wir überfuhren Länder- und Sprachgrenzen, ohne dass sich jemand großartig darum geschert hätte – und fanden das toll.

Allmählich wurde die Reise doch zur Geduldsprobe für uns. Wir hatten uns satt gesehen an der Landschaft und waren das endlose Sitzen leid. Das Essen, das wir uns während der kurzen Stops auf den Bahnhöfen besorgten, schmeckte überall gleich fad. Und allmählich konnten wir uns auch nicht mehr riechen.

Einzig die Sprachen der Mitreisenden, des Schaffners und an den Buden am Bahnsteig, wenn wir uns eilig Nachschub besorgten, machten uns das Leben erträglicher.

Drei Marokkaner in Paris
tlata dial maghraba f Paris

Unzählige Stunden hatten wir seit Algeciras im Zug gesessen. Dazu kam die vorangegangene Fahrt ab Marrakech bis Tanger. Nun waren wir die Eisenbahnatmosphäre ziemlich leid.

Es wurde Zeit, dass wir für die geplante kurze Zwischenstation in Paris endlich unsere gemeinsame Traumstadt erreichten, um meinem Vater und Onkel Malainin unsere Aufwartung zu machen.

Beide lebten dort als Facharbeiter bei Renault, und ich fragte mich, ob sie überhaupt noch Augen für diese wundervolle Stadt hatten.

Während ich die Bilder der ersten Vororte von Paris in mich aufnahm, erschien mein Vater vor meinem inneren Auge, und ich empfand mächtigen Respekt und tiefe Dankbarkeit. *Chapeau!*, flüsterte ich vor mich hin.

Er und mein Onkel standen unermüdlich Schicht um Schicht am Fabrikationsband. Auf diese Weise konnten sie Zeit ansparen, die ihnen einen langen Urlaub zuhause ermöglichte. Und dafür wollten sie weder Mitleid noch Anerkennung.

Es war für beide normal, für die Familie außergewöhnliche Anstrengungen auf sich zu nehmen und so für sie zu sorgen. Monatelang pendelten sie zwischen ihren winzigen Wohnungen in einer der zahlreichen Vorstädte zur Arbeitsstelle, aßen, schliefen und standen schon wieder in der Fabrikhalle, um Türen in Karosserien einzuschweißen. Was für ein Leben!

In Deutschland hießen solche Männer Gastarbeiter, wie ich später erfuhr. Sie waren weder in ihrer Ursprungsheimat Italien, Spanien oder Griechenland noch in Deutschland richtig zuhause. Während die Leute aus Südeuropa vor Heimweh bald vergingen, wusste mein Vater den Vorteil des Rhythmus' zu nutzen und schuftete wie ein Hamster im Rädchen auf den nächsten langen Aufenthalt bei uns hin.

Lange vor dem Zielbahnhof Paris d'Austerlitz begannen wir, unser Gepäck zu schultern, suchten links und rechts des Waggons, wo der Ausstieg sein könnte und hielten Ausschau nach berühmten Gebäuden.

Seitdem ich den Briefumschlag des deutschen Konsulats geöffnet hatte, war ich nicht mehr so aufgeregt gewesen: Würden wir Vater und Onkel in dem unbekannten Bahnhof finden? Hatten die beiden überhaupt Zeit, uns abzuholen? Wo würden wir schlafen? Wie weit lagen die Wohnungen auseinander?

Paris war für mich bislang ein Magnet für Touristen gewesen, die sich hier vergnügen wollten. Doch plötzlich war es eine normale, riesige Stadt, in der Menschen arbeiteten, die ihre Probleme wie überall auf der Welt hatten und dem oft grauen Alltag ins Gesicht blicken mussten.

Schon hielt der Zug an, und wir wurden mit den anderen Fahrgästen auf den Bahnsteig gespült.

Hatte mir gerade jemand auf die Schulter getippt oder mich nur versehentlich angerempelt?

Tatsächlich: Mein Vater stand vor mir und begrüßte mich lächelnd. Wir hatten uns monatelang nicht gesehen.

Er schien müde zu sein. Seine Kleidung passte zum Spätherbst im mittleren Europa. Er trug seine Lederjacke aus einem der Läden in den Souks von Marrakech und darunter einen Pullover. Dieser Anblick war für mich ungewohnt, denn zuhause kannte ich ihn fast nur leicht gekleidet.

Mein Vater nahm mich stumm in den Arm und sagte leise: »Marhaba, mein Sohn«.

Mein Herz schlug vor Freude, als ich hinter ihm den fröhlich dreinschauenden Onkel Malainin erblickte. Auch er schien erleichtert, dass wir drei es bis hierher gut geschafft hatten.

So begann nach der Begrüßung von Abdel und Ftah durch Vater und Onkel die Nummer zwei unseres Abenteuers: Paris!

Abenteuer Nummer eins war nämlich die Überfahrt von Afrika nach Europa gewesen. Oder doch damals das Öffnen des Briefes aus Deutschland?

Bekanntlich sind Abenteuer mit Gefahren verbunden. Das sollte schneller passieren, als ich ahnte.

Kaum hatten wir den Bahnhof verlassen, hieß es: Wir nehmen später die U-Bahn. Jetzt gehen wir erst einmal in ein richtiges Kaufhaus.

Worauf warten wir eigentlich?, fragte ich mich, als wir fünf brav nebeneinander an der Bordsteinkante standen und die Autos passieren ließen. Und so stiefelte ich los, als das letzte Fahrzeug vorüber war.

In diesem Moment riss mich die laute, angstbesetzte Stimme meines Vaters unüberhörbar zurück: »He, du Maulesel, siehst du nicht die rote Ampel dort drüben? Willst du hier schon sterben? Ouach nta hamek!«

Vier Augenpaare stierten mich erschrocken an. Vor dem nächsten Auto rettete ich mich zurück auf den Bordstein. Gleich danach hörte ich hinter mir hämisches Gekicher von Abdel und Ftah, und im Verlauf der nächsten Tage bekam ich ständig ihr *du Maulesel!* zu hören. Ich verteidigte mich damit, dass rote Ampeln bei uns zu Hause ja sowieso nicht beachtet werden. Aber irgendwie schämte ich mich doch ein bisschen, denn selten hatte ich meinen Vater so aufgebracht erlebt – und das bereits nach den ersten Minuten in Paris!

Nachdem wir die Straße schließlich unfallfrei überquert hatten, führten uns Vater und Onkel ins nächst gelegene Kaufhaus.

Mit uns traten viele Passanten in die riesige Eingangshalle. Ohne zu zögern, steuerten sie auf monströse Treppen zu, die sich bewegten! Die Menschen standen auf den Stufen und entschwanden immer höher, als wäre es das Normalste von der Welt.

Schon waren Vater und Onkel vorsichtig auf eine der beweglichen Stufen getreten, legten ihre Hände auf die schwarzen, ebenfalls sich nach oben bewegenden Geländer, und ermunterten uns, es ihnen nach zu machen.

Abdel hampelte unschlüssig vor der untersten Stufe herum. Schließlich wurde er von Ftah nach vorn geschoben, und Abdel blickte nach einigen Momenten überlegen auf uns herab.

Wir hatten die aufregende Fahrt auf der beweglichen Treppe fast hinter uns, als oben am Ende ein Tumult entstand: Abdel hatte den Absprung nicht geschafft und war in Vaters Armen gelandet. Ftah und ich dagegen konnten uns in Ruhe auf den entscheidenden Schritt vorbereiten, um heil von diesem Ungeheuer – Rolltreppe genannt – wieder herunter zu kommen.

Meinen Vater amüsierte diese Situation sichtlich! Und Abdel brauchte für Spott nicht zu sorgen. Den hatte er zur Genüge!

Die erste Fahrt unter der Erde begann mit dem Eintauchen in den dunklen Schlund der Metro.

Wir einfachen Gemüter vom schwarzen Kontinent waren nach Ansicht meines Vaters wohl kaum in der Lage, die benötigte Fahrkarte selbst zu ziehen. Daher erledigte er es für uns. Abgesehen davon war es für ihn Ehrensache, die Fahrt für uns zu bezahlen.

So ratterten wir zunächst Vaters Wohnung in der Vorstadt Asnieres entgegen. Wie von Geisterhand gezogen kam der Zug aus dem schwarzen Loch am Ende der taghell erleuchteten Station, bremste quietschend, hielt und spuckte unzählige Menschen aus.

Ebenso viele drängten daraufhin in die Waggons. Die Türen schlossen sich, und schon schoss der Zug wieder los. Ich hatte Vaters Mahnung im Ohr, gut auf das Gepäck zu achten, denn beim Ein- und Aussteigen haben Taschendiebe Hochsaison. Waren denn überall in Europa Leute damit beschäftigt, andere zu bestehlen oder auszurauben?, fragte ich mich. Wie ehrlich sind doch wir Marokkaner. Dort wird nur gebettelt, wogegen nichts einzuwenden ist, aber es wird wenig gestohlen.

Wie bei einer richtigen Eisenbahnfahrt mussten wir auch umsteigen. Vater hatte unter Assistenz meines Onkels die Rolle des Hirten über seine Schafe übernommen. Schließlich waren drei unbedarfte Jugendliche aus Nordafrika heil durch den Großstadtdschungel zu bringen. Auf Abdel achtete er besonders, hielt ihn schon mal am Arm fest und war sichtlich zufrieden, wenn er alle beieinander hatte.

Als wir auf dem Bahnsteig standen und mit vielen anderen Passanten auf die nächste Bahn warteten, bestaunten wir drei die üppigen Reklametafeln an den Stationswänden. Da waren Bilder zu sehen, die uns selbst in den wohligsten Träumen nicht gekommen wären: Junge Frauen, gut frisiert und perfekt gebaut lächelten uns zu, nur bekleidet mit fast nichts. *Linge de corps* nennt man so was.

Abdel, Ftah und ich grinsten uns an. Wir waren darüber erstaunt, dass man sich diese Bilder nicht heimlich anschauen musste, sondern sie groß und für alle sichtbar an den Wänden hingen. Schöne neue Welt! Hoffentlich ging das so weiter!

Wieder am Tageslicht begrenzten recht ansehnliche Wohn- und Bürogebäude, gepflegte Läden und Cafés unseren Weg zu Vaters Wohnung. Ich war gespannt, wie sie aussehen würde, denn noch nie war ich bei ihm gewesen. Irgendwie war ich plötzlich enttäuscht von ihm, dass er zumindest mich als seinen ältesten Sohn bisher nie eingeladen hatte, zu ihm nach Paris zu kommen.

Nun würde ich in wenigen Minuten das Apartment doch kennenlernen, in dem mein Vater bereits seit vielen Jahren sein Hamsterleben führte. Er spürte, dass ich vor Spannung schweigsam geworden war. Ermunternd zeigte er auf einen der Wohnblöcke und meinte, indem er mich an der Schulter fasste: »Dort drüben wohne ich. Das ist mein Fenster.«

Aus der vorangegangenen Enttäuschung über ihn wurde plötzlich Mitgefühl, in einem solch großen Haus wohnen zu müssen, das so ganz anders war als unseres in Marrakech. Mein Respekt, für das, was er alles auf sich nahm, wurde noch größer als vorher.

Als wir sein Apartment betraten, war ich einigermaßen schockiert, denn es war mit fünf Personen mehr als gefüllt. Wusste ich doch, dass mein Vater es liebte, zuhause Platz um sich zu haben.

Wie auch ich, schauten sich Abdel und Ftah betreten um.

»*Bienvenue*«, meinte mein Vater sichtlich verlegen und forderte uns auf, sich irgendwo hinzusetzen, was aus Platzmangel allerdings kaum möglich war.

Dann bereitete er in seiner kleinen Kochnische Thé à la menthe für uns zu. Er hatte pastilla besorgt, und schon fühlten wir uns fast wie zuhause.

Vater und Onkel hatten sich darauf geeinigt, dass wir aus Platzgründen bei Onkel Malainin schlafen sollten. Seine Wohnung war etwas größer.

Mit dem Versprechen, uns am nächsten Tag gegen Mittag wiederzusehen und bis dahin gut auf uns aufzupassen, verabschiedeten wir uns von Vater. Er war müde und brauchte nun seinen Schlaf für die Nachtschicht. Alle weiteren Fragen wollten wir auf morgen verschieben.

So zogen wir mit Onkel Malainin in das fünf Kilometer entfernte Stadtviertel Gennevilliers. Rote Ampeln, Rolltreppen und die Menschenmengen an den Metrostationen bedeuteten ab jetzt keine Gefahr mehr für uns! So schnell hatten wir die europäische Großstadtzivilisation verstanden!

Wir begegneten zahllosen Leuten, die ähnlich aussahen wie wir. In diesem Viertel mussten demnach viele Nordafrikaner leben, vielleicht auch Türken oder andere Südländer, denn die Geschäfte, die Kneipen und Imbissbuden waren so ganz anders, als ich mir Paris vorgestellt hatte. Da stand *Kebap* über der Tür, *Tajines* wurden empfohlen, aber nirgendwo ein Hinweis auf französische Speisen. Also lebten Araber hier. Das beruhigte mich.

Das Apartment von Onkel Malainin erwies sich tatsächlich als etwas geräumiger und aufwändiger eingerichtet. Nachdem er uns, offensichtlich in Absprache mit meinem Vater, reichlich bewirtet hatte, zog auch er sich zurück und ließ uns allein.

Auf zwei Sesseln und einer Couch sollten wir lagern und kramten nun unsere Schlafsäcke hervor. Wir waren beseelt von dem Gedanken, in Paris zu sein!

Jedoch waren wir uns im Klaren, dass das eigentliche Paris mit seinen Sehenswürdigkeiten kilometerweit von der Peripherie entfernt war, an der wir uns gerade aufhielten. »Egal, Paris ist Paris!«, sagten wir uns und blendeten die seelenlosen Vorstädte aus, durch die wir gekommen waren.

Obwohl wir inzwischen hundemüde waren, dachte keiner an Schlaf. Aber uns noch einmal auf den Weg zur Metro zu machen und durch fremde Straßen zu laufen, um einmal über die Champs-Elysées zu schlendern, war uns doch zu viel.

So machten wir es uns in der engen Wohnung bequem, kramten irgendwelche Zeitungen hervor, bis schließlich einer auf die grandiose Idee kam, den Fernseher anzumachen. Leise, um den Onkel nicht zu wecken, zappten wir von einem Sender zum nächsten. Einige französische Sender waren uns von Marokko her bekannt.

Doch alles war langweilig gegen das, was uns jetzt geboten wurde: Wir waren auf einen Sender gestoßen, der anscheinend recht freizügige Filme zu später Abendstunde brachte!

Plötzlich war niemand mehr müde. Es wurde auch nicht mehr weiter gezappt. Während wir uns genüsslich die Bettszenen anschauten, meinte Ftah grinsend: »So billig wären wir im *Moulin Rouge* nicht davon gekommen!« Recht hat er, waren meine letzten Gedanken, bevor ich vor dem laufenden Fernseher einschlief.

Ob Onkel Malainin irgendwas mitbekommen hatte, wussten wir nicht. Am nächsten Morgen fanden wir ein kräftiges Frühstück vor und auf einem Zettel den Hinweis, dass er uns am Abend zum Gare de l'Est begleiten würde.

Mit meinem Vater hatten wir uns für die Mittagszeit verabredet. Noch schlief er nach seiner Schicht, und wir wollten diese Zeit, wie wir meinten, sinnvoll ausfüllen.

Der nächste größere Supermarkt sollte aufgesucht werden, damit wir uns für die Weiterreise nach Deutschland versorgen konnten. Wir wollten erst einmal bis Frankfurt reisen. Dort hatte Abdel einen Cousin, der uns für zwei bis drei Nächte Unterschlupf gewähren wollte und sicherlich gute Tipps für unsere Tour durch Deutschland geben konnte.

Was daraus werden sollte, ahnten wir allerdings noch nicht, als wir durch einen Pariser Supermarkt zogen und jeder das

Augenmerk auf seine bevorzugten Speisen richtete.

Hinter einem hohen Süßwarenregal entdeckte ich irgendwann Abdel, der dort kauend und zufrieden grinsend stand und offensichtlich kurz mal hineingelangt hatte.

Mit dicken Backen strahlte er mich an. Bei seinem Anblick rutschte mir vor Angst das Herz in die Hose. Ich zeigte unauffällig nach oben, denn ich hatte zufällig vorher an der Decke Überwachungskameras entdeckt.

Wütend über sein Verhalten, das uns mächtigen Ärger einbringen könnte, fauchte ich ihn an. Abdel tat so, als wollte ich ihm seinen Spaß nehmen.

»Wollte doch nur mal probieren!«, protestierte er kleinlaut.

»Bete zu Allah, dass wir unauffällig durch die Kasse kommen«, raunte ich ihm aufgebracht zu und ließ ihn stehen. In meiner Angst sah ich draußen vor dem Supermarkt ein Empfangskomitee von Polizisten auf uns warten! Aber alles war noch einmal gut gegangen. Allah hatte geholfen, obwohl er es gar nicht hätte tun dürfen!

Die Stunde des Abschieds von Vater, Onkel Malainin und von Paris war gekommen. In der kurzen Zeit hatten wir nichts von dem erlebt, was wir in unserer Fantasie erwartet hatten. Aber wir waren trotzdem zufrieden.

Vater hatte mich in einer ruhigen Minute zur Seite genommen. Ganz klein war ich mir vorgekommen, als er mir Geld, 500 DM, zusteckte und leise sagte: »Der Betrag ist für vier Monate gedacht. Du musst damit auskommen!« Und dann meinte er noch: »Inshallah, kommst du in ein paar Jahren als Ingenieur nach Hause… Nun guten Weg nach Deutschland. Du weißt ja: Es gibt kein Zurück!«

In diesem Augenblick sah ich mich als kleinen Schüler vor unserem Haus Schularbeiten machen. Da mir meine Mutter wegen ihrer damaligen geringen Schulbildung dabei nicht helfen konnte, hatte ich ohne große Scheu die vorbeigehenden Studenten auf ihrem Weg zur nahe gelegenen Uni gefragt, ob sie mir nicht das ein oder andere erklären könnten. Sie taten es – und nun war ich tatsächlich selbst auf dem Weg ins Studium!

Damals ahnte ich allerdings nicht, dass mein schlitzohriger Vater neben seinem Wunsch, ich möge als Ingenieur wieder nach Hause kommen, etwas Bestimmtes im Schilde führte. Seine Philosophie·war: Wer sein Studium abgeschlossen hat, verdient gut. Folglich sollte er dazu bereit sein, seinen Eltern in Zukunft die Wasser- und Stromrechnung, eventuelle Reparaturen am Haus und Sonstiges zu bezahlen.

Bei meinen Besuchen Jahre später verstand ich es daher sehr gut, die auffällig unauffällig auf dem Küchentisch liegenden stummen Impulse möglichst zu ignorieren...

Vaters Abschiedsworte in Paris bewegten mich sehr, und ich trennte mich schweren Herzens von ihm wie bereits die Tage vorher von der übrigen Familie. Insgeheim fragte ich mich, ob er erwartete, ich würde rapp-zapp nach dem Examen wieder nach Marrakech zurückkommen und dort bleiben. Vielleicht würde es so kommen. Aber eigentlich wollte ich in dem Land leben, in dem ich meine Ausbildung gemacht hatte. Für mich war das irgendwie selbstverständlich.

Wie sah es in dieser Frage bei Vater und Onkel aus? *Integration* war bestimmt ein unbekannter Begriff für sie. Ich hatte den Eindruck, dass sie kaum mehr von Paris, geschweige denn von Frankreich kannten, was über ihre Arbeit, ihre Wohnung, Einkäufe und den Alltagskram hinausging. Beide hatten sicherlich kaum Kraft, sich nach einer langen Schicht mit Einheimischen zu treffen oder gar anzufreunden.

Wohin wollt ihr?
fin ghadien?

Der nächste Abschnitt unserer Reise konnte beginnen.

Bereits vor der Abfahrt aus Marokko hatten wir die Einladung von Abdels Cousin bekommen. Er lebte, wie wir wussten, in Frankfurt. Wo diese Stadt lag, war uns in dem ganzen Durcheinander vorher nicht wichtig gewesen.

Dort sollten wir uns von der Strapaze der bisherigen Reise für etwa zwei Tage erholen. Platz sei in seinem Haus genügend vorhanden, wie Abdel versicherte, und so freuten wir uns auf die Abwechslung.

Wie ein noch recht junger Marokkaner in der sicherlich teuren Stadt ein Haus besitzen konnte, war mir rätselhaft. Abdel wusste auch nichts Genaues, und so ließen wir uns überraschen. Ein bisschen seltsam kam uns die ganze Sache aber doch vor.

Beinahe kam es bei unserer Weiterfahrt aus Paris zu einem gehörigen Durcheinander. Fast hätten wir massivem Zeitverlust, Stress und was weiß ich nicht alles erleben müssen.

Als nämlich der Schalterangestellte am Gare de l'Est in einem dicken Wälzer nach den Zuganschlüssen in Richtung Deutschland suchte, stutzte er: »Die Fahrt soll doch nach Frankfurt an der Oder gehen, *n'est-ce pas?*«. Der Schlaukopf hatte herausgefunden, dass es zweimal Frankfurt gibt – und wir Oberschlauen wussten gar nichts! Wir hatten einfach *Francfort* gesagt.

Als wir erfuhren, dass diese Stadt *Francfort* ganz im Osten, fast schon in Polen liegt, hätte ich den Angestellten am liebsten umarmt und geküsst – so dankbar war ich ihm für seine Umsicht!

Mit der Fahrkarte nach Frankfurt am Main in der Tasche ging es also schließlich vom Gare de l'Est los in Richtung Deutschland!

Ein zweites Mal innerhalb weniger Tage standen Angehörige am Bahnsteig, um uns zu verabschieden. Wir winkten so lange, bis niemand mehr zu erkennen war. Allmählich hatten wir darin Routine bekommen.

»Wann werden wir die beiden wohl wiedersehen?«, fragte ich nebenbei meine Freunde, die es sich mittlerweile auf ihren Sitzen gemütlich gemacht hatten. Offensichtlich waren Abdel und Ftah an meinen Überlegungen hierzu nicht sehr interessiert. Ruhe war in dem Abteil des Waggons der SNCF eingekehrt.

Wieder beschäftigten wir uns abwechselnd mit stundenlangem Dösen, Kartenspielen und Aus-dem Fenster-schauen.

Keiner wusste vom anderen, was er wirklich dachte, aber ahnen konnte es jeder: Wir hatten ordentlich Bammel vor dem, was auf uns zukam...

Irgendwann gingen wir uns gegenseitig ziemlich auf die Nerven. Alles wiederholte sich etliche Male: Gesten, dämliche, nichtssagende Worthülsen, dumme Witze, seltsame Bemerkungen über Mitreisende, die diese glücklicherweise nicht verstanden, weil wir auf Arabisch murmelten. Einziger Lichtblick waren vertrocknetes Baguette und ein Stück Käse.

Bei Saarbrücken erreichten wir die deutsche Grenze. Wir betrachteten die Schönheit der Landschaft, die so anders war als die marokkanische: bewaldete Mittelgebirge, gepflegte Ortschaften und viele, inzwischen abgeerntete Weinberge und -felder. Wer mag das alles trinken?, fragte ich mich angesichts der unzähligen Rebstöcke.

Und auch das Biertrinken soll in Deutschland beliebt sein, hatten wir gehört! Sind die hier alle Alkoholiker? Alkohol gibt es offensichtlich zu jeder Zeit an jeder Ecke, nicht wie in Marokko, wo erst am Abend in den Bars Alkohol ausgeschenkt wird – aber nur hinten, vorn trinkt man Tee oder *nass nass!*

Wir werden sehen, wie wir diese Frage mit der Promille lösen werden, hatten wir uns damals gedacht. Nun, jeder von uns hat es dann später auf seine Weise erfahren.

Der Rhein, von dem wir als dem mächtigen Fluss in Europa schon viel gehört hatten, begleitete uns bis in die Nähe von Frankfurt, dorthin, wo der andere große deutsche Fluss, der Main, in ihn mündet.

Endlich fuhren wir in den Hauptbahnhof von Frankfurt ein. Einfach gigantisch!, war unsere spontane Reaktion.

Anonyme Menschenmassen wogten den Bahnsteig entlang und bewegten sich durch die Bahnhofshalle.

Jedoch kein marokkanisch aussehender Cousin war zu sehen. Abdel kannte ihn kaum und wir uns gegenseitig ja sowieso nicht. Die Anschrift war Abdel nicht bekannt. Wir sollten ja von ihm abgeholt werden. Wir wussten nur, dass er mit einer deutschen Frau, einer Krankenschwester, verheiratet ist und zwei Kinder hat.

Die Aussichten auf längeres Warten draußen im Schutz einer Bahnhofswand wurden immer größer. So fanden die ersten Kontakte mit der deutschen Bevölkerung über Obdachlose und Bettler statt, die vor dem Gebäude ihr Revier hatten. Sie belästigten uns aber nicht, weil wir offensichtlich Ihresgleichen waren, wie sie aus unserem Aussehen schließen konnten. Und sie erkannten scharfsinnig, dass wir keine Konkurrenz für sie darstellten – denn welcher Bettler schleppte nur annähernd so viel Gepäck mit sich herum wie wir? Also mussten wir Arabisch sprechende Reisende sein. Was sie zu Passanten sagten, wenn die vorbei kamen, hatten wir damals nicht übersetzen, aber an ihren Gesten erkennen können: »Haste mal ne' feste Mark?« oder: »bisschen Kleingeld, bitte!«

Im reichen Deutschland gibt es also auch Nichtsesshafte und Arme, fiel mir auf. Die Passanten hasteten an ihnen vorüber und beachteten sie kaum. Spenden gaben sie so gut wie keine.

Da sieht es bei uns anders aus: Der Islam verpflichtet uns, großzügig zu geben. Ob wir das aber auch alle tatsächlich tun? - Sicher bin ich mir da nicht.

Inzwischen hatte gegenüber von uns in einem Bereich, wo sonst kein Auto halten darf, eine schwarze Limousine geparkt. Der Fahrer stieg seelenruhig aus und kam, ohne den etwas entfernt liegenden Zebrastreifen zu benutzen, direkt auf uns zu, und schlängelte sich durch den Verkehr hindurch. Der Mann schien Ende zwanzig zu sein, war schlank und sportlich gekleidet und hatte ein südländisches Aussehen. Ohne zu zögern, ging er auf Abdel zu, sprach ihn an, und beide umarmten sich.

Allah sei gelobt! Da ist er ja!, war meine Reaktion. Man hätte die berühmten Steine der Erleichterung plumpsen hören können.

Ftah und mich begrüßte Abdels Cousin ungezwungen wie alte Kumpel und hieß uns alle für drei Tage in Frankfurt willkommen. Unseren vorangegangenen Aufenthalt in der Stadt der Liebe kommentierte er mit einem vielsagenden Grinsen und meinte, dass er einen dieser letzten Besuche dort noch sehr gut im Gedächtnis habe. Was ich ihm voll und ganz abnahm!

Viel redete Abdels Cousin während der Autofahrt nicht. Er wollte aber doch wissen, ob wir inzwischen Abitur gemacht hätten und ob wir in Frankfurt oder irgendwo anders in Deutschland studieren wollten.

Urplötzlich kam dann: »Hier gibt es nur Nazis. Ihr solltet nicht in Deutschland bleiben!«

Was für eine Einstellung und welch eine Sichtweise auf dieses Land!, dachte ich irritiert. Waren wir richtig hier? Meine beiden Freunde schwiegen auch, und es entstand plötzlich eine eisige, unangenehme Atmosphäre.

Breite Ausfallstraßen und bald auch Stadtrandsiedlungen zogen an uns vorüber.

Plötzlich trat der Cousin wie wild auf die Bremse, so dass wir aus unseren Sitzen nach vorne gedrückt wurden. »Das war knapp«, meinte er und grinste Abdel an, der neben ihm saß. Wir waren an einem fest installierten Radargerät der Polizei vorbeigefahren, und er hatte noch rechtzeitig davor bremsen können, um nicht geblitzt zu werden.

Uns Marokkaner verschlug es die Sprache über die raffinierten Geräte in Deutschland. Von zuhause kannten wir nur die Überwachung durch Polizisten, die am Straßenrand lauerten und das Radargerät anschließend wieder einpackten.

Trotz der wenig erfreulichen Atmosphäre waren wir froh, dass wir drei Nächte in einem richtigen Bett schlafen sollten, gut zu essen haben und eine lebendige Stadt kennenlernen würden.

Als wir dann auf die Einfahrt vor seinem Grundstück am Stadtrand fuhren, konnten wir unser Glück kaum fassen. Unser Landsmann besaß tatsächlich ein schönes Haus und hatte uns mit der Einladung wohl doch keinen Bären aufgebunden...

Nachdem wir uns im Gästezimmer eingerichtet hatten, wurden wir zum Essen gerufen. Die Frau des Cousins und seine Kinder waren offensichtlich außer Haus. Das reichhaltige marokkanische Essen hatte er schon vorbereitet. Es gab *couscous* mit Gemüse und zartem Rindfleisch und als Nachtisch Joghurt mit Feigen.

Erst als alles verputzt war, wurde uns bewusst, dass wir schon lange nicht mehr so köstlich gegessen hatten. Offensichtlich waren uns im Trubel der vergangenen Tage die Gedanken an die Annehmlichkeiten der heimischen Küche abhandengekommen.

Abdels Cousin schien ständig unter Strom zu stehen. Kaum hatte er gegessen, stand er hektisch auf und ging ohne sich zu entschuldigen nach nebenan, um zu telefonieren. Eine richtige Unterhaltung kam nicht auf, obwohl wir natürlich neugierig auf sein Leben in Deutschland, seine Familie und seine Berufstätigkeit waren.

Am Abend besuchten wir zu viert ein Äppelwoi-Lokal in Frankfurts Innenstadt. Dort und auch danach ergab es sich nicht, über seine berufliche Tätigkeit zu sprechen.

Hundemüde freuten wir uns nun auf das Bett und auf den nächsten Tag mit tollem Frühstück, weiteren Besichtigungen oder aufs Ausruhen. Noch ahnten wir nicht, wie schnell der Traum vom Herumhängen zu Ende sein sollte!

Früh am Morgen drangen Gesprächsfetzen eines Telefonates zu uns. Ich war davon wach geworden und hielt den Atem an, um möglichst viel mitzukriegen. Ftah, der mit im Zimmer schlief, röchelte noch im Traum vor sich hin.

Plötzlich kam jemand eilig die Treppe herauf, und schon klopfte es an der Tür. Es war Abdels Cousin, der uns ziemlich barsch aufforderte, sofort aufzustehen und unsere Sachen zu packen. Er müsse weg.

Völlig verstört kamen wir seiner Anordnung nach, ohne zu wissen, worum es eigentlich ging. Wollte er uns loswerden, weil er dachte, wir könnten uns für längere Zeit bei ihm einnisten?

Der Cousin war so in Eile, dass er wahrscheinlich selbst nicht gefrühstückt hatte und jedem von uns auch nur eine Banane in die Hand drückte. »Ich bringe euch noch zum Bahnhof und muss dann gleich weiter«, informierte er uns, als wir bereits im Auto saßen. Wir trauten uns nicht, ihn nach dem Grund für seinen überstürzten Aufbruch zu fragen, auch Abdel nicht. Wahrscheinlich hätte er gar nicht geantwortet, so hektisch wie er war. Der Cousin war uns unheimlich geworden...

So herrschte während der Fahrt zum Bahnhof wieder eisiges Schweigen. Eine Information gab er uns dann doch noch mit auf den Weg: »Ihr geht zum Schalter und besorgt euch eine Fahrkarte nach Clausthal-Zellerfeld. Wie ihr seht, kann ich nicht mitkommen. Der Beamte wird euch schon irgendwie verstehen.«

Am Hauptbahnhof hielt der Cousin an einer Stelle, an der er bestimmt nicht stehen durfte. Wir konnten jedenfalls kein parkendes Auto sehen, obwohl lebhafter Autoverkehr herrschte und mancher Fahrer hilflos suchend an uns vorbei schlich.

Schon hatte uns eine Ordnungshüterin im Visier.

»Gute Fahrt«, wünschte der Cousin noch wie nebenbei, während er uns durch Gesten zur Eile beim Gepäckausladen aus dem Kofferraum aufforderte.

Meine Wut auf den Kerl war so groß, dass ich mir meinen Abschiedsgruß verkniff und ihm aus tiefstem Herzen einen Meter langen Strafzettel der Ordnungshüterin wünschte.

Sie war jetzt bereits nahe am Auto. Vor ihr – einer Frau! – schien der Cousin Respekt zu haben, denn er ging ihr gestikulierend ein paar Schritte entgegen und deutete auf uns. Was er auf Deutsch zu ihr sagte, konnten wir nicht verstehen. Offensichtlich wollte er ihr in seiner überlegenen Art klar machen, dass er uns drei jungen Arabern aus irgendeinem Kaff in der Wüste nur helfen wollte, sich in Deutschland zurechtzufinden.

Sie aber ließ sich nicht darauf ein – zückte Stift und Notizblock. Dann blickte sie am verzweifelt auf sie einredenden Cousin vorbei auf das Autokennzeichen, riss den Zettel ab, klemmte ihn am Scheibenwischer fest – und ging weiter auf Jagd nach Parksündern. Ich war glücklich!

Wütend riss er den Strafzettel von der Scheibe und rief ihr auf Arabisch etwas hinterher, was wir natürlich verstanden, aber – Glück für ihn – sie nicht! Es wäre für ihn teuer geworden!

War da nicht wieder mal der Teufel und seine Eile mit im Spiel? Dieser Spruch scheint überall auf der Welt zu gelten, dachte ich, während ich den schweren Rucksack schulterte, meine Tasche umhängte und zusammen mit den beiden Freunden in Richtung des Bahnhofsgebäudes trottete.

Am Fahrkartenschalter sollte unser nächstes Abenteuer beginnen.

You must go by bus to Clausthal-Zellerfeld

khassekoum tmichoue ftoubis l Clausthal-Zellerfeld

»*Bonjour, monsieur, parlez-vous francais?*«, fragte Ftah den Beamten hinter seiner Glasscheibe, nachdem wir uns darauf geeinigt hatten, von unseren dürftigen Deutschkenntnissen keinen Gebrauch zu machen.

Wir anderen bildeten unterdessen mit unserem Gepäck eine dichte Traube um den Schalter und schauten den Mann auf der anderen Seite gespannt an.

»Nee, kann ich nicht – aber bisschen Englisch«, und er schüttelte dabei den Kopf.

Als wir das Wort Englisch hörten, konnten wir *ticket, train* und *station* anbringen. Er verstand sogar, dass wir nach Clausthal-Zellerfeld wollten, machte uns aber klar, dass es dort keine *station* gäbe und folglich auch kein *train* dorthin führe.

Mit langen Gesichtern schauten wir uns an. In unserem holprigen Englisch wollten wir nun wissen, bis wohin uns ein Zug bringen könnte.

»Bis Goslar«, meinte er nach langer Suche in seinem dicken Fahrplanbuch. »Die Fahrt geht über Göttingen, wo Sie noch mal umsteigen müssen. *Change the train from Göttingen to Goslar, you know?*«

»*And further on?*«

»*You must go by bus to Clausthal-Zellerfeld.*«

Inzwischen hatte sich hinter uns an dem einzigen geöffneten Schalter eine längere Schlange gebildet. Bemerkungen über die ewig langen Verhandlungen schienen uns zu gelten. Als ich mich umsah, blickte ich in dementsprechend finstere Gesichter.

Ohne es zu wollen, kam eine gehörige Portion Wut auf Abdels Cousin in mir hoch. War nicht er daran schuld, dass wir hier wie ungebildete Ziegenhirten rumstanden und keine Ahnung hatten, wie wir an unser Ziel kommen sollten?

Wir berieten uns kurz und signalisierten dann dem Beamten, dass jeder ein Ticket nach Goslar kaufen wolle. Noch waren wir erleichtert über den gelungenen Abschluss unserer Verhandlungen. Schließlich war es nicht einfach, in einem fremden Land an eine geeignete Fahrkarte zu kommen. Was wir allerdings nicht bedacht hatten, war die Gleichgültigkeit des Beamten unserem Geldbeutel gegenüber...

Die Ernüchterung folgte sofort: Ohne uns zu informieren oder zu fragen, hatte er den damals neuesten und gleichzeitig teuersten Zug herausgesucht und uns dafür Fahrkarten verkauft! Sie waren für den erst kürzlich in Dienst gestellten ICE gedacht!

Allah hatte diesmal nicht geholfen, uns vor der deutschen Bürokratie zu schützen. Er hatte auch nicht dabei geholfen, Mut zum Widerspruch zu haben – denn die Fahrkarte bis Göttingen im ICE sollte für jeden von uns fast 100 DM betragen! Dazu kam dann noch die Fahrt bis Goslar und anschließend die Busreise von Goslar nach Clausthal-Zellerfeld.

Ich sah uns drei bleiche junge Marokkaner, bettelnd irgendwo im Harz, am Ende der Welt, auf einem Marktplatz sitzen und um Almosen bitten. Und das alles, weil Abdels Cousin solch ein skrupelloser Kerl war und uns im Stich gelassen hatte.

Zusammen mit gut gekleideten Geschäftsleuten aus der Wirtschafts- und Finanzszene stiegen wir in den nagelneuen Zug. Ihre Blicke zeigten Neugier gegenüber drei Nordafrikanern, die sich teure Fahrkarten leisten konnten! Die Blicke sagten uns aber auch, dass wir hier eigentlich nicht hingehörten – und so fühlten wir uns auch.

Plötzlich entstand in mir so etwas wie eine Trotzreaktion: Wir haben das Ticket bezahlt, dafür hat man uns zu akzeptieren, auch ohne gebügelte Anzüge und weiße Hemden mit Krawatte! *Safi! Baraka!* Ich war sicher, dass uns Allah wieder helfen würde.

Vielleicht wollte er uns auch nur testen, wie wir mit solch einer Situation umgehen würden. Möglicherweise war es seine Antwort auf die Vernachlässigung der vorgeschriebenen Gebete. Tatsächlich waren wir damit recht sorglos umgegangen. Zur Entschuldigung konnten wir nur vorbringen, dass es für uns in einem christlichen Land nicht einfach war, alle Vorschriften des Korans zu befolgen. Und wenn die Heimat weit weg ist, sieht manches zwischen Himmel und Erde sowieso anders aus!

Unser Reisegepäck mussten wir im Gang verstauen, denn die schmalen Ablagen reichten nur für schwarze Aktenköfferchen. Dem Zugbegleiter passte das gar nicht, und er vertrieb uns an das Ende des Waggons.

Der Zug flog förmlich durch die Landschaft und hielt nur in einzelnen größeren Städten. Wir beobachteten die hügelige Landschaft mit vielen Feldern und Wiesen, mit Dörfern und kleinen Ortschaften, deren Bahnhöfe unser Zug ohne Verzögerung passierte.

Der Schock über den unnötig hohen Preis wich allmählich unserer Begeisterung für die luxuriöse Ausstattung in weichen Sitzen, mit Bedienung am Platz und sauberen Toiletten gleich nebenan.

Wir wussten natürlich nicht, wo wir waren. Nur der vorgefundene Streckenplan informierte uns über die an der Route liegenden Städte.

Schließlich landeten wir in Göttingen. Viel zu früh, wie wir nunmehr bedauernd feststellten.

Zusammen mit einigen der nobel angezogenen Damen und Herren stiegen wir aus. Für lange Zeit würden wir einen solch eleganten Zug nicht mehr benutzen, wenn überhaupt.

»Auch hier soll es eine Uni geben«, meinte Ftah. »Warum bleiben wir nicht an Ort und Stelle?«

»Blödsinn«, kam es von Abdel. »Unser Ziel ist Clausthal-Zellerfeld, und daran halten wir uns!«

Schnell wussten wir, wann der nächste Zug nach Goslar fuhr, denn wir konnten inzwischen die Plakate in den Schaukästen auf dem Bahnsteig lesen: Gelb bedeutet die Abfahrt der Züge, weiß die Ankunft.

So wollten wir diesmal unsere Wünsche für einen bestimmten Tarif zur Weiterfahrt nach Goslar artikulieren. Nur gab es hier nichts zu wünschen: Es fuhr nur eine Regionalbahn.

Wir nahmen sie und wunderten uns, wie einfach dieser Zug zum vorherigen eleganten ICE ausgestattet war.

Zunehmend sahen wir höhere baumbewachsene Hügel. Noch ahnten wir nicht, wie unterschiedlich warm und kalt es im November auf dieser Welt sein kann. Die sonnenbeschienenen Weintäler waren verschwunden, Wolken hingen tief, und die Fahrgäste an den Streckenbahnhöfen brachten eine Menge Kälte mit in den Zug. Vor den Abteilfenstern zeigten uns die hin und her wogenden Bäume und Sträucher, dass mit dem Wetter in dieser Gegend spät im Jahr wohl nicht zu spaßen war.

Goslar wurde angezeigt, und wir schienen fast am Ziel unserer Reise zu sein. Eigentlich sollte es ja nach Clausthal gehen, aber warum nicht schon hier nach einer Uni suchen und vielleicht auch ein Zimmer finden?

Wir stiegen aus und bestaunten schon nach wenigen Schritten die Schönheit der alten Fachwerkhäuser, die wunderbaren Schnitzereien an ihren Giebeln und die großen Ornamente mit Zeichen der Handwerker, die hier wohl ihr Zuhause haben. Das alles kannten wir aus unserer Heimat nicht und waren davon mächtig angetan.

Einige Zeit trieben wir uns in der *Medina* herum – wie wir die Altstadt von Goslar nannten – und warteten auf ein Wunder in der Gestalt einer netten Person, die uns weiterhelfen würde. Aber niemand kam. Also mussten wir unseren Mut zusammen nehmen und jemanden ansprechen.

Auf einer Bank legten wir unser Gepäck ab und stärkten uns erst einmal mit einer Pizza aus einer Imbissbude von gegenüber. Wir mussten ja bei der Auswahl der Nahrungsmittel in diesem Land mit dem Hang zum Schweinefleisch genau hinschauen. So waren wir beruhigt, als wir das Wort Thunfisch als Belag fanden. Da wir es als *thon* aus dem Französischen kannten, langten wir also sorglos zu.

Nun hielten wir Ausschau nach einem hilfsbereiten Menschen. Es war entsetzlich kalt, und wir waren alles andere als winterlich gekleidet. Die Leute hasteten dick vermummt an uns vorüber. Einige sahen uns leicht irritiert an, denn solche Gestalten wie uns gab es hier im Harz – und auch noch in dieser vorgerückten Jahreszeit – nur sehr selten zu sehen.

»Warum sollten wir nicht einfach hier auf der Straße nach einem Zimmer fragen können?«, waren wir uns einig. In Marokko tun das die Leute doch auch, und niemand denkt sich was dabei!

Da half uns Allah in der Gestalt eines jungen Mannes, der mit einer tief in das Gesicht gezogenen Kapuze und Schal um den Hals auf uns zukam. Vielleicht ein Student, dachte ich. Schon war Ftah auf ihn zugegangen und sprach ihn auf Französisch an.

Tatsächlich verstand er unsere Zweitsprache. Er machte uns lächelnd klar, dass Goslar zwar einen Kaiserpalast, *un palais de l'empereur du moyen âge*, aus dem Mittelalter hat und viele Sehenswürdigkeiten – aber keine Universität.

»Dazu müsst ihr nach Clausthal-Zellerfeld fahren. Das ist mit dem Bus etwa eine Stunde«. Dabei hob er beschwörend die Hände, als müsste er uns hierfür seinen Segen geben und schaute irgendwie entschuldigend drein.

»Und einfach auf der Straße nach einem Zimmer fragen, klappt in Deutschland nicht. Geht in Clausthal erst mal zum Studentenbüro. Die können euch sicher weiterhelfen.«

Er verabschiedete sich, indem er uns viel Glück wünschte. Ich hatte den Eindruck, er schüttelte beim Weitergehen den Kopf über uns drei ungepflegte Typen aus Nordafrika.

Clausthal-Zellerfeld, die ersehnte Stadt

l midina litantmanaou

Als wir zwei Stunden später fröstelnd im Bus saßen, begann – wie wir annahmen – die letzte Etappe auf dem Weg zu unserer Uni in Clausthal-Zellerfeld.

Beim Anblick der nebelverhangenen, trostlosen Gegend sackte unser Herz nach unten. Die Straße wurde immer kurviger, und der Bus schaukelte beträchtlich hin und her.

Da passierte es: Von Abdel, der hinter mir saß, waren Würggeräusche zu hören. Allah hilf, dachte ich entsetzt.

Schon war Abdel aufgesprungen und zum Fahrer nach vorne gerast. Dabei hielt er sich den Mund zu. Zu spät! Neben dem Fahrer musste sich Abdel übergeben. Es platschte nur so!

Der Busfahrer hielt sofort an, öffnete die Tür und Abdel verschwand auf die Straße, wo man ihn ein weiteres Mal würgen hörte.

Ftah, der aus dem Schlaf aufgeschreckt war, fragte mich, was los sei. Ich klärte ihn auf: »Abdel muss kotzen!«

Mittlerweile hatten sich einige der Fahrgäste lautstark geäußert. Ohne zu verstehen, wussten wir, was sie meinten!

Der Fahrer fluchte irgendetwas vor sich hin. Dann stieg er aus und holte aus dem Bauch des Busses Wischlappen und Eimer. Er signalisierte Abdel, was zu tun sei, bevor er weiterfahren würde. Unser Freund tat uns leid. Schließlich konnte dieses Missgeschick jedem von uns passieren.

Nach der ekligen Arbeit ging es weiter in die Berge hinein in Richtung Clausthal-Zellerfeld. Je weiter wir uns im Bus nach oben schraubten, umso ungemütlicher wurde es draußen. Sturm war aufgekommen, und es begann bereits zu dämmern.

Plötzlich schlug mir Abdel von hinten mit der Hand auf den Kopf und fuchtelte vor dem Fenster herum. Musste er schon wieder kotzen? – nein: Es schneite! Wir konnten es nicht fassen.

Freudig wie ein kleiner Junge rief ich auf Arabisch in die Menge der Mitreisenden: »Talj!« Nur einmal in meinem Leben hatte ich Schnee gesehen, damals im Atlasgebirge. Offensichtlich war den Einheimischen diese Wettererscheinung und meine Freude darüber völlig gleichgültig, denn keiner jubelte mit.

Wir konnten es recht bald nachvollziehen. Immer stärker wurden die Windböen, mehr und mehr Schnee klebte als feuchte Masse an den Fensterscheiben und versperrte allmählich die Sicht nach draußen.

Endlich tauchte das gelbe Ortsschild von Clausthal-Zellerfeld auf. Noch war es lesbar.

Wir simplen Gemüter dachten, nun seien wir endlich am Ziel unserer großen Reise angelangt, klopften uns gegenseitig auf die Schultern, nahmen das Gepäck und waren rundum glücklich. Das Studium konnte beginnen!

Kaum waren wir aus dem Bus gestiegen, hätte uns eine Windböe fast umgehauen. Schnee schlug uns ins Gesicht und ließ uns wieder frösteln.

Am Eingang eines Lebensmittelladens fanden wir etwas Schutz. Eine ältere Frau kam heraus. Sie stutzte, als sie uns drei durchnässten, frierenden Burschen mit dem Gepäck sah. Sie war sich offensichtlich nicht darüber im Klaren, ob sie an uns vorbeigehen oder stehenbleiben sollte.

Natürlich – sie blieb stehen!

»Na!?«, meinte sie und schaute uns dabei freundlich, aber auch ein wenig neugierig an. »Wo kommt ihr denn her? So wie ihr aussieht, sicher aus dem sonnigen Süden.« Dabei deutete sie auf ihr Gesicht und ließ den Zeigefinger kreisen.

Auf der gesamten Reise ab Marrakech hatten wir nicht einen solch zugewandten und gesprächigen Menschen erlebt wie diese Frau.

Offensichtlich tat ihr die Begegnung mit uns gut, obwohl sie uns kaum verstand. Und auch wir kapierten nur bruchstückhaft, was sie uns mitteilen wollte. Ob sie zuhause niemanden hat?, dachte ich. Eigentlich wollten wir von ihr ja nur wissen, wohin wir uns in unserer scheinbar hoffnungslosen Lage wenden könnten.

»Wo ist das Unigebäude?«, hatte ich mir als Satz im Kopf zusammengebastelt, um unser Anliegen vorbringen zu können.

Sie ließ uns aber nicht zu Wort kommen und erzählte vom miesen Wetter im winterlichen Harz, wobei sie mit den Händen herumfuchtelte und Wolken nachahmte. Sie sprach von ihrer Familie und berichtete von den bambini ihrer Tochter, weil sie annahm, wir seien Italiener.

Schließlich war der Krieg Thema. Wir vermuteten es, denn sie ahmte nach, wie man mit einem Gewehr schießt. Ihr so offenes

Gesicht nahm plötzlich einen traurigen Ausdruck an. Obwohl wir wenig verstanden und noch weniger über den Krieg in Deutschland und im Harz wussten, erkannten wir aus ihrer Mimik und ihren Gesten, wie bedeutend die Auswirkungen der Vergangenheit für sie immer noch waren. Hatte sie dabei vielleicht Angehörige verloren?

Ihre Stimmung übertrug sich ein bisschen auf uns, und wir blickten betreten überall hin, nur nicht auf sie.

Schließlich gelang es mir, meinen eingeübten Satz anzubringen.

Schon war sie wieder die Alte, half uns gern weiter und beschrieb lebhaft den Weg zum Studentenbüro. Was hätten wir gegeben, von ihr jetzt zu sich nach Hause eingeladen zu werden, vielleicht zu einem heißen Tee und einem Teller Suppe? Aber nichts tat sich.

Nachdem wir uns von ihr verabschiedet hatten, zogen wir los. »Viel Glück!«, hatte sie uns noch gewünscht, bevor sie im Schneegestöber verschwand.

Ftah bemerkte wie nebenbei: »Offensichtlich reden die Frauen in Deutschland auch so viel wie die in Marokko. Überall das Gleiche!«

Ohne auf seine großartige Erkenntnis einzugehen, schlugen wir den Weg zum Studentenbüro ein. Das Wetter hatte die dunklen Gassen menschenleer gefegt. Wir waren fast alleine unterwegs und fühlten uns auch so!

Endlich das Studentenbüro! Ein Angestellter, leidlich französisch sprechend, schien unser Nothelfer zu sein. Unsere Stimmung besserte sich schlagartig.

Wir fragten ihn, wo wir unterkommen könnten. Im Studentenwohnheim vielleicht, wo man was zu essen bekäme und man mal duschen kann? Wir fragten auch nach den Formalitäten für die notwendige medizinische Untersuchung.

Frust stellte sich ein, als der Mann achselzuckend erklärte, im Studentenheim sei alles belegt. Wir sollten aber in der nahe gelegenen Moschee nachfragen. Schließlich seien wir deren Glaubensbrüder. Die hätten so was wie Studentenbuden. Dabei schaute er uns zweifelnd an, als würde er bei Ausländern – und dazu noch Muslime – nicht damit rechnen, dass sie sich gegenseitig helfen würden.

Wieder schulterten wir unser Gepäck.

In der Moschee sollte es uns wieder den *Teppich unter den Füßen wegreißen*, wie sich Abdel ausdrückte, als wir auch dort eine Absage erhielten. »Drei Leute können wir nicht aufnehmen. Versucht es im Pfarrbüro drüben. Das Gepäck könnt ihr so lange hierlassen.«

Hätten wir hier nicht unser längst fälliges Gebet nachholen sollen? Der Sinn stand uns in diesem Moment aber nicht nach Spirituellem. Es ging jetzt um handfest Irdisches!

Also versuchten wir es bei den Christen! – mit Erfolg. Freundlich bot uns die Pfarrersfrau für ein paar Tage Unterkunft an. Wir waren überglücklich.

Auf dem Weg zurück zur Moschee konnten wir uns nicht entscheiden, welche Religion nun die bessere sei. Letztlich wollten wir diese Frage aber gar nicht weiter erörtern, geschweige denn beantworten. Wir wollten nur unser Gepäck holen und uns ins warme christliche Nest legen.

Kaum hatte sich die frohe Kunde von der Gastfreundschaft des Pfarrers in der Moschee verbreitet, wurden wir nach einigem Getuschel der Verantwortlichen gebeten, doch dort zu bleiben. Wir dürften eine Woche deren Räume benutzen!

Welch eine Fügung, plötzlich zwei Unterkünfte zu haben! Allah und dem christlichen Gott galt unser Dank! Vielleicht haben die beiden oben im Himmel zusammen auf einer Wolke gesessen und gepokert, auf welcher Seite wir unterkriechen sollten. Amüsiert stellten wir fest, dass wir Nutznießer aus der Konkurrenz zweier Weltreligionen geworden waren.

Also blieben wir in der Moschee und schliefen in unserer ersten Nacht in Clausthal-Zellerfeld herrlich.

Als Gegenleistung kochten wir für die anderen Gäste in der Moschee und vertrieben uns die Zeit mit Einkaufen. Jetzt lief das Beschaffen von Nahrung anders ab, als damals zu Schülerzeiten am Strand bei Essaouira. Dort war unser Spiel gewesen: Wer eine Strecke über 100 Meter im Sand nicht in einer bestimmten Zeit schaffte, musste von seinem Geld, etwa 20 Dirham, für die anderen einkaufen. Zum Pech der anderen traf es fast immer die gleichen und zum Glück nur selten mich!

Am dritten Tag starteten wir zur medizinischen Untersuchung.

Wieder liefen wir durch ziemlich einsame Gassen. Wahrscheinlich war in den Souks von Marrakech nachts um drei Uhr mehr Leben als hier zur Mittagszeit. Die Kunden im Supermarkt und die Passanten auf dem Marktplatz waren alt. Sie betrachteten wie abwesend ihre Umgebung, und junge Leute sah man kaum.

Wo waren nur die Studenten?, fragten wir uns. So verschlafen hatten wir uns das neue, vermeintlich aufregende Leben in Deutschland eigentlich nicht vorgestellt!

Erst im Wartezimmer des für die Studenten zuständigen Arztes stießen wir auf ein paar junge Gesichter, die wie wir auf ihre *Hinrichtung* warteten. Also gab es offensichtlich doch noch andere Studenten in diesem Kaff.

Nach Erledigung der Formalitäten mit den Angaben zur Herkunft und eventuellen Krankheiten durften wir zusammen bleiben und dann gemeinsam zur *Exekution* gehen. Ein Blutbild sollte gemacht werden, um festzustellen, ob wir schlimme Krankheiten eingeschleppt hätten und gesund und belastbar waren.

Als Erster war Ftah dran. Er sollte sich für die Blutabnahme auf einen Stuhl zu setzen, den Arm strecken und diesen abbinden lassen.

Die Assistentin im weißen Kittel, eine hübsche junge Frau mit blonden Haaren, hatte es Ftah angetan, denn er ließ den Blick nicht von ihr und beobachtete nicht nur ihr professionelles Hantieren. Ich ahnte, was er jetzt wohl denken würde, schließlich war sie ihm ziemlich nahe gekommen!

Noch saß er souverän auf seinem Platz, als sie neben ihm die Spritze vorbereitete. Augenblicklich verwandelte sich Ftah in ein zappelndes, angstbesetztes Etwas. Er drängte sich aus dem Stuhl. Die Assistentin trat einen Schritt zurück und schaute ihn hilflos an. Ich meinte in ihren Augen Mitleid und auch etwas Spott für den Marokkaner zu erkennen.

Sie deutete an, dass besser ein anderer an Ftahs Stelle dran sein würde, nahm ihm das Band vom Arm und legte es mir um. Schlagartig war auch mein Mut zu Ende. Ich schloss die Augen, spürte das leichte Tasten nach der geeigneten Vene und dann einen Piks.

Meine Neugier jedoch siegte über die Angst, denn wie von Zauberhand geleitet öffnete ich die Augen. Ich sah zu, wie sich der zigarrenförmige Kolben mit meinem dunkelroten Blut füllte. Geschickt wechselte die Assistentin die Glasröhre und zapfte munter weiter.

Endlich war sie fertig, erlöste mich von dem unangenehmen Druck am Oberarm und bedeutete mir mit einem charmanten Lächeln, den Arm gebeugt zu lassen, bevor sie mir mit einem kleinen Pflaster die Wunde abdecken würde.

Wie ein Held stolzierte ich zu meinem Stuhl zurück. Ftah würdigte mich keines Blickes. Er wusste, dass er der Oberschisser war und trotzdem nicht an der Tortur vorbeikam. Eigentlich wünschte ich ihm, dass er sich noch mal blamierte... Oder auch wieder nicht?

Ich dagegen konnte nun entspannt die Assistentin beobachten. Sie war anziehend und entsprach unserer Vorstellung von einer Frau in Deutschland. Jedenfalls dem, was wir aus der deutschen TV-Werbung kannten, wo alle wunderschön sind. Die Schwedinnen sollen ja auch so bezaubernd sein.

So viel Ahnung von Frauen hatte ich aber doch schon, dass ich wusste: Äußeres kann trügen – die inneren Werte sind entscheidend! Der mir vertraute Anblick der Frauen in Marokko unterscheidet sich beträchtlich von dem der Weiblichkeit hier oben im Norden, konnte ich mit Kennerblick feststellen. Ich hatte beobachtet, dass schon ab Spanien nur ältere Frauen ein Kopftuch trugen. Vielleicht sparen sie so den Friseur?

Auch in Marrakech verschiebt sich die Altersklasse der verhüllten Frauen immer mehr nach hinten. Die Jüngeren zeigen sich mehr und mehr mit offenem Haar auf der Straße. Ich finde das prima, obwohl das Kopftuch vielen Mädchen sehr gut steht und ihnen etwas Geheimnisvolles gibt. Dazu ihre tiefschwarzen Augen, mit denen sie manchem männlichen Blick lange standhalten!

Schon wurde ich aus meinen Erinnerungen an hübsche Mädchen zuhause in unserer Nachbarschaft gerissen, denn nun war Abdel dran!

Würde es wieder Grund zum Fremdschämen geben? Er aber hielt sich tapfer und kam grinsend zu seinem Platz zurück. Währenddessen flüsterte ich Ftah zu: »Reiß dich zusammen und verzögere die Untersuchung nicht unnütz!«

Neben meinen Vorstellungen über das weibliche Geschlecht waren mir ganz andere, sehr wichtige Gedanken gekommen. Diese wollte ich den beiden nach der Untersuchung mitteilen. Davor hatte ich mächtig Bammel, denn ich würde sie ausführlich begründen müssen.

Schließlich gelang es auch Ftah, blass im Gesicht, die Tortur über sich ergehen zu lassen und nicht zu sterben!

Nun wurden wir einzeln zum Arzt hereingerufen: abhorchen, abklopfen, ein- und ausatmen, die Luft anhalten, weiteratmen, mit dem Hämmerchen gegen das Knie klopfen, Mund öffnen, Zunge raus und *Aaah* sagen, der Blick mit der Lampe in Augen und Ohren.

Detailliertere Anweisungen verstand ich erst, nachdem der Arzt geduldig wie bei einem Kleinkind alles vormachte.

»Okay, Sie sind äußerlich gesund«, meinte er zum Schluss. »Und viel Glück im Studium hier in Clausthal.«
Wenn du wüsstest..., dachte ich und schickte Ftah herein.
Als wir fertig waren, wurde uns versichert, der Bluttest sei bis zum übernächsten Tag ausgewertet, und wir könnten uns die Ergebnisse dann abholen.

Wir drei jungen Marokkaner standen nun auf der Straße und wunderten uns eigentlich gar nicht über unsere Einsamkeit mitten in Clausthal-Zellerfeld. Unschlüssig schauten wir uns an und wussten nicht, was nun werden sollte.
Du bist nun dran, Mohammed Ali Ben Moulay, deine Gedanken los zu werden, sagte eine Stimme in mir. Gib dir einen Ruck und sprich es jetzt aus! Jetzt sofort!
Ich spürte mein Herz bis zum Hals schlagen, als ich zum Reden ansetzte. Die Worte wollten nicht recht über die Lippen. Schließlich sprudelte es aus mir heraus: »Ich fühle mich hier sehr unwohl. Ich kann mir überhaupt nicht vorstellen, hier zu bleiben und zu studieren. Was denkt ihr?«
Noch ehe ich den Satz zu Ende gesprochen hatte, nickten beide und sagten wie aus einem Mund: »Mir geht's auch so« und »Mieses Kaff!«
»Also«, ergänzte ich, und wir schauten uns gegenseitig in die Augen. »Was haltet ihr davon?: *Wir bleiben nicht hier!* Mghadich nbakaou hna!«
Beide wiederholten laut und betonten dabei jede Silbe: »Wir - blei-ben - nicht - hier! Beschlossen!«
Nach dem Abklatschen war mir so leicht ums Herz wie nach meiner letzten Abiturprüfung.

Ohne zu wissen, wie es weiter gehen könnte, zogen wir befreit und mit guter Laune unsere Abschiedsrunde durch den Ort bis zur Moschee. Das Wohin kam uns überhaupt nicht in den Sinn. Wir wussten nur, dass wir eher heute als morgen wieder abhauen wollten. Allah würde uns den richtigen Weg schon weisen. Ich hatte daher ernsthaft vor, ihm für seine Güte zu danken und gleichzeitig um Vorschuss auf unsere Zukunft zu bitten.
In unserer Unterkunft angekommen, wollten auch meine beiden Gefährten mit in den Gebetsraum kommen.
Kaum hatten wir uns auf dem Teppich niedergelassen, schossen mir bereits konkrete Fragen durch den Kopf: Wohin sollen

wir eigentlich gehen? Welche Uni wird uns nehmen, wenn wir doch eine Zulassung für Clausthal haben? Kennen wir überhaupt jemanden, der uns weiterhelfen kann? Sind wir Spinner, die ihr Leben nicht in den Griff bekommen und Äußerlichkeiten wie Schneeschauer und alte Leute auf den Straßen zum Anlass nehmen, den Beginn des Studiums zu gefährden?

Plötzlich haderte ich mit dem Schicksal. Wahrscheinlich ging es Ftah und Abdel ähnlich. Wieder war es zum Verzweifeln. Aber insgesamt glaubte ich fest, dass alles gut ausgehen würde.

Einigkeit macht bekanntlich stark. Diese Erkenntnis nutzten wir und beratschlagten unseren gemeinsamen Weg.

Der Wille, auf jeden Fall zusammen zu bleiben, beflügelte uns. Alle Städte, die wir kannten, wurden nun diskutiert. Viele waren es ja nicht. Dafür orientierten wir uns mal wieder an der Fußballbundesliga: München, Hamburg oder Dortmund…

Der mögliche Retter Said
Said ghadi aatakna

Da sprang uns Allah in seiner großen Güte zur Seite und brachte Said ins Gespräch. Mir war plötzlich eingefallen, dass mein alter Schulfreund ja in Deutschland studierte. Er war es gewesen, der mich überhaupt erst auf die Idee gebracht hatte, hierher zu gehen.

Said studierte in einer Stadt mit einer technisch ausgerichteten Uni. Schließlich wollte er Ingenieur werden. Damals hatte er mir den Namen genannt. Da mich die Stadt aber nicht interessierte, war sie bei mir in Vergessenheit geraten.

Nach langem Hin und Her entschieden wir, diese unbekannte Stadt zu suchen.

Niemand von uns wusste allerdings, wo sie lag. Sie hatte sicher keine bedeutende Fußballmannschaft, sonst wäre sie schon mal in den Sportnachrichten erwähnt worden, die wir ja ab und zu geschaut hatten.

Um das rauszukriegen, wandten wir uns an die Moscheebewohner. Hinweise wie *technische Uni in einer uns unbekannten Stadt* halfen schließlich weiter, nachdem in der Aufzählung diverser Städte das Wort *Aachen* gefallen war. Ich erinnerte mich plötzlich an Saids Worte über die Lage ganz im Westen von Deutschland, dicht an Holland und Belgien. Mir fiel auch ein, dass er gern über die Grenze fuhr, um sich mit Zigaretten und Drogen einzudecken.

Die Moscheebewohner waren sich einig darüber, dass wir leicht verrückt sein müssten, unseren sicheren Studienplatz aufzugeben.

Kamen uns nach dem Gespräch nicht doch Zweifel über die Richtigkeit unseres Unternehmens? Trotzig wiesen wir jedes Argument zurück. Wir hatten auch keine Ohren für Gründe, die das Leben in Clausthal recht nett erscheinen ließen: Disco, Sport, kleine Übungsgruppen, blonde Arzthelferinnen…

Wir mussten uns jetzt entscheiden! Schließlich kannten wir Said in Aachen!

Ohne uns noch um irgendetwas zu kümmern, auch nicht um das Ergebnis der medizinischen Untersuchung, zogen wir am nächsten Morgen los. Die Moscheebewohner hatten viel Glück gewünscht, uns dabei verständnislos angeschaut und dann dem Schicksal überlassen.

Vorher hatten sie uns noch erklärt, wie wir per Bus und Zug über Göttingen und Hannover nach Aachen gelangen könnten.

Clausthal, adé! – und: Hoffnung unterm Pferdeschwanz

Bslama Clausthal ou l amal taht
salef dial l aaouad

Die Harzberge verabschiedeten uns, wie sie uns empfangen hatten: Nebel waberte um uns herum, und der Regen war wieder mit Schnee durchsetzt. Wir fröstelten selbst im geheizten Bus. Es machte uns aber nichts. Diesmal waren wir sogar dankbar, dass wir nicht in freundlichem Sonnenschein wegfahren mussten.

Wieder wurden wir vom Bus durchgeschaukelt, nur in die andere Richtung. Diesmal hatten wir Abdel fest im Blick, falls er zwischen Clausthal und Goslar wieder würgen müsste. Doch er hielt durch.

Da wir den ersten Bus genommen hatten, lag der volle Tag noch vor uns. Jetzt wollten wir von dem Sprichwort, dass die Eile vom Teufel ist, nichts wissen. Wir waren in großer Eile, um die passenden Züge nach Göttingen und Hannover zu bekommen.

Frierend saßen wir auf dem Bahnsteig in Goslar und warteten auf den verspäteten Zug, der uns nach Göttingen bringen sollte.

Dort angekommen, achteten wir darauf, nicht wieder schwindelerregend teure Tickets zu kaufen. Schlau geworden verhandelten wir mit dem Bahnbeamten. Wir waren mit einem einfachen Zug zufrieden und schafften es, irgendwann am Nachmittag in der großen Stadt Hannover anzukommen.

Ergriffen bestaunten wir den von gewaltigen Gebäuden begrenzten Bahnhofsvorplatz, der geradeaus in eine lebendige Einkaufspassage mündete. Eine breite Straße führte weiter zum Theater und in die Altstadt. Alles beherrschend aber stand mitten auf dem Platz ein riesiges Reiterdenkmal. Wir stellten fest, dass der König, der General oder ein sonstiger Feldherr, genauso streng auf seine Untertanen schaut wie die Könige auf ihren Podesten in Marokko.

Der lustige Federbusch an der Stirnseite des Helmes wies auf die Einkaufsmeile und gab wahrscheinlich den Reisenden

den Tipp, die Stadt zu besuchen und dort ihr Geld zu lassen. Der kräftige Schwanz des Pferdes sollte am nächsten Tag noch Bedeutung bekommen...

Was nützt uns eine interessante Stadt, wenn wir nicht wissen, wo wir während der Nacht bleiben können? Außerdem mussten wir die Fahrt nach Aachen durch eine Mitfahrgelegenheit organisieren.

Die Moscheebesucher hatten uns auf solch eine Möglichkeit hingewiesen, die wir aus Marokko überhaupt nicht kannten. Zuhause wird man einfach mitgenommen – und fertig! Hilfsbereitschaft ist Ehrensache!

Wir waren gespannt, wo wir am Bahnhof Näheres erfahren könnten, um günstig nach Aachen zu kommen.

Mittlerweile waren wir geübter geworden im Nachfragen, ohne unsere Deutschkenntnisse wirklich verbessert zu haben. Es fiel uns einfach leichter, auf die Leute zuzugehen, vielleicht, weil wir unser Aussehen mehr einsetzten und sie uns im Gegenzug für unbeholfen hielten und schon aus Neugierde gern halfen. Unsere unbefangene Fragerei sollte uns später noch von großem Nutzen sein.

Wir zogen hinein in die unendlich große Bahnhofshalle mit ihren riesigen Fenstern. Eilig ankommende und abreisende Personen überquerten den Weg. Lärm und Gerüche, die so anders waren als in Marokko, benebelten uns. Außerdem hatten wir Hunger, wir waren müde und misslaunig, denn die Hektik dieses Bahnhofs und die Ungewissheit vor den nächsten Stunden und Tagen belasteten uns.

Selbst Abdel, der alles immer in rosigerem Licht sah als Ftah und ich, waren die Albernheiten erst einmal vergangen.

Endlich fanden wir in einer abgelegenen Ecke den Hinweis *Bahnhofsmission.* Sollte das der Schlüssel zum Glück auf unserer Odyssee sein? Auch diesen Tipp hatten wir von den Moscheebewohnern bekommen. Wir sollten dort höflich nach einer Möglichkeit zur Übernachtung fragen. Irgendwie würde man uns helfen. Dort würde kein Unterschied zwischen Christen und Nichtchristen gemacht. Gut, dass die Hinterwäldler aus dem Harz so gut informiert waren und uns die wertvollen Tipps geben konnten. Außerdem würde man etwas zu essen bekommen, und leckeren Kaffee hätten sie auch.

Wir traten ein und wurden freundlich von zwei Helferinnen mittleren Alters in einer uniformähnlichen blauen Tracht, versehen mit einem großen Kreuz auf weißem Feld, sowie einem älteren Mann begrüßt. Den entscheidenden Satz mit den Wörtern *Hilfe – für die Nacht – Transport nach Aachen* hatten wir uns sorgfältig zurecht gelegt und einstudiert, so dass jeder von uns in das *Gespräch* einbezogen werden konnte.

Eine der Frauen sagte etwas zu uns. Sie sprach zu schnell, als dass wir nur ansatzweise ein Wort verstanden hätten. Der ältere Mann mischte sich ein und übersetzte, weil er wohl meinte, dass die Landessprache der Afrikaner Französisch sein müsste: »*Vous venez d'Afrique?*« Woher denn sonst?, sieht man doch!

Wir sprachen weiter mit ihm, und er übersetzte. Uns wurde höflich, aber bestimmt erklärt, dass wir zwar die Nacht in den Räumen der Bahnhofsmission verbringen dürften, aber nicht auf einer Liege oder gar im Bett! Nur sitzend, auf einer Bank! Es täte ihnen leid, dass es nicht bequemer sein könnte. Dafür stattete man uns mit Kaffee, leckereren Brötchen, Decken und der Information aus, wie wir preiswert nach Aachen kommen könnten.

Auch hier wurde uns die Möglichkeit der Mitfahrzentrale genannt, die sich hinter dem Bahnhof befinden sollte.

Sofort machten wir uns auf den Weg. Tatsächlich hatte sie geöffnet, und wir konnten unser Glück kaum fassen, dass am nächsten Morgen eine junge Frau mit dem Auto nach Köln fahren würde. Sie bekam telefonisch Bescheid und war bereit, uns drei für einen Spottpreis mitzunehmen.

»Ihr müsst um acht Uhr unterm Schwanz sein, *à huit heures sous la queue.*« Der junge Angestellte sprach ja recht flüssig Französisch, aber folgen konnten wir ihm jetzt nicht mehr.

Sous la queue!? Alle lachten, und er erklärte grinsend, dass damit der Schwanz des riesigen Pferdes vor dem Gebäude gemeint sei. »*C'est le rendez-vous pour la population!*«

Nach Erledigung der Formalitäten wandten wir uns der großen Landkarte zu, die an der Wand hing. Wir fanden Köln und links in Richtung Belgien und Holland die Stadt Aachen.

Ftah griff die Strecke anhand des Maßstabes auf der Legende ab und meinte: »Ist etwa so weit wie von Marrakech bis Essaouria. Siebzig Kilometer – halbe Strecke zum Meer.«

Abdel hatte gehört, dass Aachen nur im Deutschen so heißt. Im Französischen ist es *Aix la Chapelle*. Die *Chapelle* soll ja eine schöne große Kirche sein, die etwas mit dem berühmten Kaiser Karl zu tun hat, dessen Macht bis nach Spanien gereicht hatte. Das wusste Abdel aus dem Unterricht über die europäische Geschichte, und er genoss es, dass wir ihn dabei ehrfürchtig anschauten. Eigentlich war uns sein Wissen aber ziemlich egal.

Jutta und die drei dunklen Typen
Jutta maa tlat t chaban smrin

Die Nacht in der *Bahnhofsmission* schien nicht zu Ende gehen zu wollen. Ständig kam jemand in das neben unserem Raum liegende Büro. Eingewickelt in warme Decken, ausgerüstet mit warmem, duftetem Kaffee, erlebten wir im Halbschlaf, wie viele Menschen in der Nacht Hilfe brauchten und bekamen.

Endlich war es ruhiger geworden. Der Morgen kam heran, und wir rüsteten uns zum Gang *unters Pferd*, nachdem wir den Mitarbeitern der neuen Schicht unseren ehrlichen Dank ausgedrückt hatten.

Schlaftrunken schafften wir die wenigen Meter durch die Morgendämmerung bis zum Denkmal, vorbei an Taxen und anderen parkenden Autos. Jeder von uns hielt die Augen offen, um zwischen den Reisenden und sonstigen Fußgängern eine junge Frau herauszufiltern, mit der wir drei bis vier Stunden auf engem Raum zusammen sein würden. Knapp 300 Kilometer waren zurückzulegen.

Hoffentlich ist ihr Auto einigermaßen bequem, und sie fährt sicher, dachte ich noch, als plötzlich die junge Frau vor uns stand. Dabei waren wir noch gar nicht unter dem Schwanz des Reiterdenkmals angekommen.

Sie beäugte uns vorsichtig, aber lächelnd und fragte, ob wir die Mitfahrer nach Köln seien. Da ihre Frage das Wort *Köln* enthielt, wussten wir, dass wir an der richtigen Adresse waren. Ihre offene Art, wie sie auf uns zuging, gefiel mir. Dann bat sie uns, zu ihrem geparkten Auto mitzukommen. Es war ein französisches Modell. Vielleicht, grübelte ich, haben Vater oder Onkel die Türen dran geschweißt?

Offensichtlich war sie Studentin, die zu ihrem Uniort fuhr. Erstaunlich, dass sie uns als Frau mitnehmen wollte. Schließlich sah sie uns in diesem Moment zum ersten Mal. Ob so was bei uns in Marokko auch möglich wäre?, fragte ich mich zweifelnd.

Schon hatte Abdel sie auf Französisch angesprochen und uns vorgestellt. Es war typisch für ihn! Überall musste er sich hervortun! Sie stellte sich als Jutta vor und half, unser Gepäck in dem recht kleinen Kofferraum zu verstauen, der schon halb mit ihren eigenen Sachen belegt war.

Kaum waren wir damit fertig, saß Abdel bereits vorn auf dem Beifahrerplatz, während Ftah und ich uns auf die enge, mit restlichem Gepäck vollgestopfte Rückbank quetschten. Mir sollte es egal sein. Abdel würde die Konversation aufrechterhalten, und ich würde schlafen können.

Ftah und ich zwinkerten uns zu, als Abdel uns allen eine gute Fahrt wünschte und dazu heuchlerisch fragte, ob wir es hinten denn auch bequem hätten. Dabei schaute er lächelnd zu Jutta. Wir spürten, dass er sich auf das zwar zeitlich begrenzte, aber doch lustvolle Abenteuer freute, neben der attraktiven jungen Frau sitzen zu dürfen. Sie wird sowie nichts von all dem tatban aala ibant verstehen, weil er Arabisch spricht, dachte ich zufrieden.

Bevor sie startete, drehte sie sich nach hinten und wünschte uns allen *bon voyage!*

Schnurstracks fuhren wir eine sehr lange Ausfallstraße entlang, bevor wir die Autobahn erreichten, die uns Richtung Süden bringen sollte. Auf riesigen Schildern wurde nach Dortmund und Köln gewiesen, als wollte man uns eine Freude machen und zeigen, dass Fußball in Deutschland überall angepriesen wird.

Es war ruhig geworden im Auto. Hoffentlich schlief sie nicht ein, wenn selbst ihrem Beifahrer nichts mehr zu erzählen einfiel, dachte ich! Doch unsere Fahrerin musste wegen des dichten Verkehrs höllisch aufpassen. Noch nie hatte ich so viele Fahrzeuge auf einer einzigen Straße gesehen und noch nie eine Frau, die so souverän ihr Auto beherrschte!

Die Autobahn schlängelte sich durch eine Hügellandschaft. »Die Weser, ein Fluss, ist nicht weit von uns«, erklärte Jutta auf einem Rastplatz, an dem wir eine Pause einlegten. Noch nie hatten wir von einer Weser gehört. Wir kannten als deutschen Fluss nur den Rhein und seit Frankfurt auch den Main.

Jutta musste das Fahrzeug auftanken. Gekonnt fuhr sie an die richtige der zahlreichen Tanksäulen. Abdel hechtete aus dem Auto und riss die Tankpistole geschäftig aus der Halterung, nachdem ihn Jutta auf *Super* hingewiesen hatte.

Da passierte es: In der Eile – wer steckt bekanntlich dahinter? – hatte er den Hebel bedient, noch bevor Jutta den Tankdeckel abgenommen hatte. Ein Schwall Benzin schoss in Richtung des Autos, lief an den Scheiben herunter und ergoss sich auf den Betonboden.

Auch unsere Fahrerin hatte davon etwas abbekommen und sprang erschrocken zur Seite. Ftah und ich wären am liebsten im Boden versunken. Zum Glück hatte der Tankwart nichts mitbekommen. Mit viel Papier und entsprechenden Bemerkungen gegenüber dem Übeltäter wurde der Schaden beseitigt.

Jutta nahm es locker, und wir stärkten uns im Verkaufsraum mit Kaffee und leckeren Käsesandwiches. Abdel hatte Ftahs zugeflüsterten Tipp zur Wiedergutmachung an Jutta tatsächlich beherzigt und ihr den Kaffee spendiert!

Weiter ging die Fahrt. Ohne großes Aufheben hatte ich mich auf den Beifahrersitz gesetzt, noch bevor Abdel wieder dort Platz nehmen konnte. Widerspruchslos akzeptierte er den Wechsel. Ftah wurde auf die nächste Pause vertröstet. So waren wir alle zufrieden. Ich fand nun ausreichend Gelegenheit, Juttas Gesicht von der Seite zu studieren und ihre geschmeidigen Bewegungen beim Hantieren mit Lenkrad und Gangschaltung beobachten zu können. Es war ein wohliges Gefühl, dem ich mich voll hingab. Ich saß warm und bequem neben einer netten jungen Frau und war sicher, dass wir richtig entschieden hatten, aus Clausthal zu fliehen!

Jutta unterbrach die Stille, die sich seit einer Weile breit gemacht hatte und wollte wissen, ob wir in Köln bleiben oder weiterfahren würden.

Während unseres Gesprächs hatte ich Gelegenheit, sie bedenkenlos lange anzuschauen. Ihre dunklen Haare, die sie zu einem Knoten gebunden hatte, erinnerten mich an die Frisuren der marokkanischen Frauen. Bei der Fahrt trug sie eine Brille, die sie von der Seite etwas streng aussehen ließ. Sie war es aber nicht, denn als sie kurz zu mir herüber blickte und mich anlächelte, als ich von unserem Abenteuer im Harz berichtete, verwirrten mich ihre sanften, braunen Augen und der schön geschwungene volle Mund.

Sie sprach recht flüssig Französisch, und so konnte ich sogar meine Frage anbringen, was sie denn nach Köln führte. Sie studierte dort Wirtschaftswissenschaften und war in Hannover zuhause.

Um die beiden auf der Rückbank nicht zu stören, sprachen wir leise. Sie reagierte freundlich auf meine Fragen zu den schönen Bauerhöfen aus Fachwerk, dem Milchvieh und den vereinzelten Pferden auf den Wiesen entlang der Autobahn. Wir waren im Münsterland. Eine Art Intimität in unserem Cockpit war entstanden – oder das, was ich dafür hielt. Ich war jedenfalls glücklich.

Nach einer weiteren Pause saß ich wieder hinten und Ftah

durfte nun vorne sitzen. Ob sie zu ihm auch so charmant war wie mir gegenüber? Mal sehen, dachte ich und besah mir derweilen die Landschaft, die aus Hügeln, weit über Täler gespannte Brücken und dem allmählichen Abstieg in eine schier unendliche Ebene bestand.

Jutta fuhr nach wie vor konzentriert, und man merkte, dass sie die stark befahrene Strecke gut kannte. Mit Genugtuung spürte ich, dass es zwischen ihr und Ftah nicht funkte.

Jutta erklärte mir die Funktion der riesigen Fabrikgebäude und dass die gigantische, scheinbar schwebende Tablette als Werbung für medizinische Erzeugnisse diente.

Plötzlich waren wir hellwach, denn bald danach sollten wir den Rhein überqueren. Breit und behäbig floss er dahin. Jutta fuhr etwas langsamer, um uns den Anblick möglichst lange zu ermöglichen.

Ich war beeindruckt von der Vielseitigkeit dieses Landes: Liebliche Gegenden wechselten unmittelbar mit Industrieanlagen. Ein dichtes Straßennetz ermöglicht, schnell das Land zu durchqueren, um am Ende interessante touristische Ziele zu erreichen oder Geschäften nachzugehen. Ich war immer mehr davon überzeugt, dass wir hier richtig waren.

Wenn wir doch endlich unseren Uniort finden würden!

»Bald sind wir in Köln«, kündigte Jutta an. »Ich werde euch am Hauptbahnhof raus setzen. Von da gehen regelmäßig Züge nach Aachen. Sie halten zwar an jeder Milchkanne, aber bringen euch in knapp einer Stunde an das Ziel eurer Träume!« Dabei schaute sie lächelnd schräg nach hinten. Unsere Blicke trafen sich. Plötzlich malte ich mir aus, sie als Freundin zu haben, mit der ich durch die Studentenkneipen Kölns ziehen würde und das Leben genießen könnte.

Ihre Information, dass wir bald die beiden Spitzen des Kölner Doms sehen würden, brachte mich in die Wirklichkeit zurück. Tatsächlich winkten diese gigantischen Türme irgendwann zwischen Bäumen herüber – und wir standen nach einer langen Fahrt beinahe direkt unter ihnen.

»Schon wieder so ein blöder Bahnhof«, murrte Ftah, als wir uns aus dem kleinen Auto zwängten. Draußen stand Jutta. Sie hatte tatsächlich einen freien Parkplatz inmitten des Gewusels von Taxen, ankommenden und abfahrenden Reisenden gefunden.

»Willkommen in Köln«, meinte sie heiter, froh, die Tour hinter sich zu haben. »Wir müssen uns aber beeilen. Eine Knöllchentante könnte auftauchen. Ich stehe nämlich im Halteverbot.«

Knöllchentante? Mir fiel die Szene mit Abdels Cousin in Frankfurt ein. Niemals möchte ich, dass Jutta so was passiert, dachte ich, und beeilte mich besonders, mein Gepäck aus dem Kofferraum zu hieven.

Nun nannte sie uns noch den Fahrtkostenanteil, den wir ihr schuldeten. Ich übernahm zunächst die gesamte Summe. Unter Dankesworten standen wir um sie rum und guckten verlegen. Sie aber strahlte uns an und wünschte alles Gute für unsere weitere Zeit in Aachen.

Was tun, um nachhaltige Erinnerung an schöne Momente festzuhalten – oder durfte man in Deutschland nicht einfach als Fremder eine Frau umarmen, selbst wenn sie einem noch so sympathisch war?

Ich wagte es, trat vor und drückte sie kräftig. Von ihrem Körper spürte ich wegen ihrer dicken Jacke leider nichts. Sie erwiderte die Umarmung und schien sich zu freuen, dass es uns mit ihr zusammen gefallen hatte. Ftah und Abdel machten es mir nach, wobei Abdel meiner Meinung nach etwas zu lange an ihrer Wange verweilte!

Unter ständigem Winken brauste sie davon und hinterließ drei leicht verwirrte junge Marokkaner.

Die *Knöllchentante*, die sich schlangengleich zwischen den Autos hindurch in unsere Richtung bewegt hatte, kam zu spät. Die Beute war weg! Allah sei Dank direkt neben einer der größten Kathedralen der Christenheit.

Wir lächelten die Frau freundlich an und gingen munter auf das Bahnhofsgebäude zu.

Kurze Zeit später saßen wir in einem Zug, der ständig irgendwelche Orte miteinander verbindet. Alle Züge enden in Aachen, denn weiter nach Westen geht es ja – jedenfalls in Deutschland – nicht.

Wie mochte es wohl in Holland oder in Belgien aussehen? Liefen die Leute tatsächlich in Holzschuhen herum und aßen ständig Käse? Über die Belgier wussten wir nur, dass sie gute Pralinen herstellen, viele Biersorten lieben und ständig Fritten essen. Nun, das würde sich sicherlich erkunden lassen, werden wir erst einmal in Aachen gelandet sein!

Diesen profanen Gedanken wollte ich endlich etwas Spirituelles entgegen setzen und verkroch mich für einige Minuten hinter meiner Jacke am Fenster, um mein vorgeschriebenes Gebet zu verrichten, was ich im Laufe der Reise mehr und mehr vernachlässigt hatte. Knien war im Zugabteil vor den anderen Reisenden leider nicht möglich. Allah möge es mir vergeben. Zwischen all den Christen ist das Leben eines Moslems sicherlich nicht ganz leicht! Damit entschuldigte ich mich bei ihm da oben.

Wieder begleiteten uns viele Wiesen und Weiden, aber auch riesige, aufgeschüttete Höhenrücken. Einige waren so sauber abgekantet, als habe sie ein Riese mit seinem Schäufelchen bearbeitet. Fabrikzüge mit Kohle kreuzten unsere Strecke, und in der weiten Ferne konnte man Ungetüme von Maschinen erkennen.

»Hier wird ja richtig hart gearbeitet«, meinte Abdel, der mit mir die Landschaft betrachtete. »Hoffentlich wird die Gegend vor Aachen wieder schöner!« Das hoffte ich auch angesichts der riesigen Kühltürme einer gigantischen Anlage mit weißem Rauch, von der wir nicht wussten, was es sein könnte. Ein Atomkraftwerk vielleicht? Bald sollten wir es erfahren.

Das Grün trat allmählich zurück. Mehr und mehr große Gebäude begleiteten uns. Breite Straßen mit vielen Fahrzeugen unterfuhren unsere Strecke.

Wir waren in Aachen.

Nachdem der Zug die letzte Haltestelle vor dem Hauptbahnhof hinter sich gelassen hatte, begannen wir, unser Gepäck zu schultern. Ich war aufgeregt. Würden wir einen Weg finden, um in dieser Stadt heimisch zu werden?

Ftah und Abdel waren auch ganz ruhig geworden. Vielleicht waren sie wie auch ich hungrig und müde? Was mochte Jutta gerade machen?, kam es mir plötzlich in den Sinn. Ob sie wohl einen Freund hat, dem sie von unserer gemeinsamen Fahrt erzählt?

Weiter kam ich mit meinen Gedanken allerdings nicht, denn Ftah meinte völlig unerwartet zu mir: »Ben Moulay, hast du eine Ahnung, wie wir deinen Said finden?«

Ich zuckte mit den Schultern. »Wir werden einfach die Leute vor dem Bahnhof fragen.« Damit war die Frage für mich zunächst beantwortet.

»Schon wieder ein Bahnhofsvorplatz«, stöhnte Abdel, als wir mit den anderen Fahrgästen durch die Halle hindurch auf den Platz vor dem Gebäude gingen.

»Der wievielte Bahnhof ist es eigentlich, seit wir von zuhause abgefahren sind?« – Ich wusste es auch nicht. Allmählich hatten wir den *großen europäischen Bahnpreis* verdient, und waren immer noch nicht am Ziel! Aber vielleicht doch!?

Noch eine ersehnte Stadt
Lmadina litantmanaou

Eine neue Stadt lag vor uns.

Ich traute meinen Augen nicht: Erblickten wir doch auf dem Bahnhofsvorplatz wieder ein Monument mit Pferden! Es war eine Gruppe aus fünf Tieren, in Bronze gegossen, reiterlos, und die Pferde schienen quer über den Platz in Richtung Innenstadt zu jagen. Sie waren allerdings wesentlich kleiner als das mächtige Reiterdenkmal von heute Morgen in Hannover mit dem finster blickenden Soldaten oben darauf. Dafür zeigte dieses hier elegante Bewegungen und gefiel uns viel besser.

Die Pferde wurden zum Stützpunkt für unser Gepäck. Die Rucksäcke machten sich gut an ihren Beinen und auf ihren Rücken.

»Und nun?«, fragte Ftah herausfordernd. »Wir fangen jetzt einfach an, irgendwelche Leute nach Said zu fragen«, meinte ich kleinlaut. »In Marrakech würden wir es ja auch so machen. Warum also hier nicht auch?«

»Lasst uns losziehen«, bekräftigte Abdel meinen Vorschlag. »Einer bewacht das Gepäck, die beiden anderen fragen die Leute.«

Damit begann unser erster Kontakt zur Aachener Bevölkerung – und er war kümmerlich und ernüchternd. »*Kennt ihr unseren Freund Said?*«, hatten wir uns zurechtgelegt.

Ich steuerte auf ein jüngeres Pärchen zu, das sich gerade ein Brötchen teilte. Als mich die Frau sah, drehte sie sich weg. Ich nahm es ihr nicht übel, denn zwischen den an der Gebäudewand lehnenden Obdachlosen und mir war kaum ein Unterschied auszumachen.

Ich stellte trotzdem meine vorbereitete Frage. Der Mann sah mich freundlich an und schüttelte verneinend den Kopf. Der Blick der jungen Frau ließ ahnen, was hinter ihrer Stirn vorging.

Es ist bestimmt besser, Einheimische zu fragen, dachte ich, und so suchte ich mir einen älteren Mann als nächstes Opfer aus. Er saß auf einer der Bänke und zog mit seinem Stock Kreise auf dem Boden.

Vorher schaute ich nach Abdel, der in Richtung des Bahnhofgebäudes ausgeschwärmt war und gerade mit ein paar jungen

Leuten sprach. Offensichtlich hatte auch er kein Glück, denn er ging schulterzuckend von ihnen wieder weg.

Mein Opfer hatte sich aufgerichtet und blickte mich streng an. Sein Stock würde zur Waffe werden, sollte ich ihm zu nahe kommen. So hielt ich einen gebührenden Abstand und fragte von dort aus höflich nach Said.

»*Wat wellste, Jong? Ich kenn jenge Said. Es dat ne Student?*«
Ich hatte Student verstanden und nickte mit dem Kopf.

»*Wenn dat ne Student es*«, fuhr er fort, »*moss de in de Uni jooehn ov Studenten froege, ävvel net sue enge wie mich. Ich han jeng Ahnougk.*«

Was für ein unmögliches Deutsch war das denn!?

Aber einen wichtigen Hinweis hatte er mir doch gegeben, den ich gleich an die anderen weitergab und der uns hoffen ließ: »Wir müssen Studenten fragen!«

Jetzt zogen Abdel und Ftah los. Ich hielt wie ein Jäger Ausschau nach geeignetem Wild.

Allmählich wurde mir flau im Magen. Es war weniger der Mangel an Essen oder Trinken, als vielmehr das schlechte Gewissen den Freunden gegenüber. Ich hatte ihnen das mit Said als leicht und unkompliziert verkauft. Ich hatte nicht bedacht, dass Aachen kein Dorf ist, in dem jeder jeden kennt, und er vielleicht unauffindbar sein könnte.

Auch hatte ich es allmählich satt, seit Tagen unterwegs zu sein, und immer noch war kein Ende unserer Irrfahrt abzusehen.

Es war kalt und zugig. Der November zeigte sich hier fast so abstoßend wie in Clausthal. Nur fehlte das Schneetreiben.

Plötzlich sah ich Abdel winken. Er stand bei einem jungen Mann, seinem Aussehen nach offensichtlich ein Student aus irgendeinem Land am Rand des Mittelmeers.

Ich schoss los und ließ unser Gepäck allein. Das war mir jetzt egal.

Schon kam auch Ftah dazu. Wir hörten arabische Wortfetzen, und ich spürte, dass wir unserem Ziel nun sehr nah waren.

Unseren Gruß auf Arabisch erwiderte er kurz und war bereits dabei, aus seinem Rucksack Schreibblock und Stift heraus zu kramen, um etwas zu notieren.

»Ihr müsst zum Café Che in der Pontstraße. Dort sitzen all die Typen rum. Darunter ist sicher auch euer Said. Ich kenne ihn zwar nicht, aber dort kann euch bestimmt weitergeholfen werden. Inshallah!«

Ich war kurz davor, ihm um den Hals zu fallen!

Wir sollten in der Pontstraße bis zur *Katholischen Hochschulgemeinde* fahren und dort ins *Che-Haus* gehen. So stand es auf dem Zettel. *Fahren*, damit meinte er ein Taxi nehmen, denn der Weg wäre mit dem Gepäck zu Fuß recht weit.

Begleitet von unseren Dankesworten verschwand unser männlicher Engel im Bahnhofsgebäude. Wieder fühlte ich mich *wie vom Maulesel getreten*. Ich hätte vor Erleichterung meinen schweren Rucksack in die Luft werfen mögen!

»Woher kommt er?«, fragte ich Abdel. »Ist Libanese, hat er mir gesagt. Daher kennt er auch Said nicht. Wahrscheinlich treffen die sich in verschiedenen Ecken.«

Wir werden Said finden, war ich mir nun sicher, und wir machten uns auf zum nahen Taxistand.

Überall standen cremefarbene Autos herum. Als wir auf sie zugingen, bemerkte ich belustigt, dass auch hier in Deutschland Taxis und Mercedes eins waren – allerdings nur schöne, moderne Modelle, gepflegt und ohne jeglichen Kratzer, wohl der Stolz eines jeden Taxiunternehmers.

Mir kamen Gedankenfetzen aus Szenen meiner Kindheit: Ich hegte eine große Begeisterung für die unzähligen Taxen, die vor gefühlten hundert Jahren gebaut wurden und auf geheimnisvolle Weise nach Marokko gekommen waren. Es waren die scheinbar unverwüstlichen Mercedes 240 Diesel, *made in Germany!*

Als Junge hatte ich voller Ehrfurcht in ihr Inneres geschaut, wenn eines führerlos parkte. Ich hatte den Geruch von Öl, Leder und Schweiß eingesogen. Vielleicht war so mein erstes Bild von Deutschland entstanden? Die Mercedes fristen ihr langes Leben dann in Marokko zu Ende. Ich kenne sie nur verbeult, mit riesigen Lackschäden und zerfledderten Sitzen, ratternd und nach Diesel stinkend – aber sie funktionieren!

Als wir uns dem Taxistand näherten, kam Bewegung in eine Gruppe einiger Fahrer, die sich am vordersten Fahrzeug gestikulierend unterhielten.

Ftah raunte mir zu: »Die sehen ja aus wie die bei uns zuhause!« und musste dabei lachen. Tatsächlich unterschieden sich die Männer im Aussehen und Gehabe kaum von den Taxifahrern in Marrakech oder woanders in Marokko: dunkle Haare, Schnäuzer und gestenreiche Worte.

Wir waren verwundert, dass keine kleinen, je nach Stadt rot, blau oder grün gestrichenen Taxen zu sehen waren, wie wir sie von uns her kannten. Dort war die Anzahl der Fahrgäste für den Verdienst sehr wichtig: je mehr, umso besser für den Fahrer. Drei wie wir wären lukrativ gewesen. Bei einem oder zweien hätte das Taxi schon mal am Straßenrand angehalten, um einen weiteren Fahrgast mitzunehmen, der die Kasse noch einmal aufgefüllt hätte.

Einer der Fahrer begrüßte uns, lud schon mal ein Gepäckstück in den Kofferraum und fragte uns etwas. Niemand antwortete. Wir ahnten, was er wollte. Es war die Frage, die jeder Taxifahrer stellt, wenn der Fahrgast nicht von sich aus sagt, wohin er will.

Abdel kramte in seiner Tasche und hielt ihm den Zettel mit *Pontstraße – Kathol. Studenten-Gem. – Che-Haus* hin.

»Ah, ich verstehen!«, war seine Reaktion in gebrochenem Deutsch, woraufhin Abdel etwas kleinlaut meinte: »Wir können aber nur für fünf Mark fahren!«

Diesen Satz hatte er recht gut hingekriegt. Wir hielten die Luft an, denn er war drauf und dran, wie er es von Marokko her kannte, über den Preis zu verhandeln.

Der Fahrer stutzte. Dann meinte er schmunzelnd: »Einsteigen!« und deutete auf die geöffnete Tür. Wir pufften uns verstohlen gegenseitig in die Rippen.

Kaum waren wir gestartet, wollte er wissen, woher wir kämen. »Marokko.« »Ich Türkei«, stellte er sich vor.

So half ein Ausländer drei anderen Ausländern in Deutschland, ohne sich vorher gekannt zu haben. Das war fantastisch!

Nach wenigen Momenten fuhren wir über eine riesige Kreuzung, in deren Mitte eine nach verschiedenen Seiten zeigende Uhr stand und danach auf einer längeren Straße leicht bergab.

Sahen wir richtig? Wieder ein riesiges Denkmal mit einem gigantischen Pferd und einem wichtigen König oder General oben drauf. Beide, Pferd und Reiter, schauten streng auf die Stadt.

In diesem Augenblick fasste der Fahrer an das Taxometer und schaltete es aus. Dabei grinste er und meinte: »Fünf Mark – fertig. Ich fahren euch in Pontstraße!«

Überwältigt von so viel Entgegenkommen saßen wir im Taxi und ließen die ersten Eindrücke von Aachen auf uns wirken, ohne zu ahnen, dass wir tatsächlich am Ziel angekommen waren und diese Stadt unsere neue, zweite Heimat werden würde.

Nach ein paar Minuten kreuz und quer durch das Zentrum waren wir in der Pontstraße: leicht ansteigend, Kopfsteinpflaster, rechts das Café Che, gegenüber eine alte Kirche, kleine Geschäfte und auf der anderen Seite große Gebäude, die offensichtlich zur Hochschule gehörten. Wir befanden uns mitten im Studentenviertel.

Unsere Dankesworte tat der Fahrer mit einem Lächeln ab, wünschte uns alles Gute und verschwand mit seinem Taxi in Richtung der nächsten Kreuzung, wo ihn der Verkehr aufnahm.

Wir betraten das Gebäude. Schon im Gang kamen uns viele junge Leute entgegen. Wir schauten in einen der Aufenthaltsräume hinein. Dort saßen viele arabisch aussehende Studenten. Sie unterhielten sich leise oder lasen.

Einer von ihnen fiel mir auf. Er könnte Marokkaner sein, sagte mir mein Gefühl.

Unsere Blicke begegneten sich. Ich trat auf ihn zu und sprach ihn auf Arabisch an. Tatsächlich, er kam aus Rabat und hieß Khalid. Schnell war unser Wunsch erzählt, Said finden zu wollen. Er kannte ihn! – einer unter damals 20.000 Studenten!

Khalid machte sich mit uns auf den Weg zu Said, der wenige hundert Meter weit weg entfernt wohnte. Dies war der letzte Schritt auf unserer Odyssee: zu Said in die Wittekindstraße.

Ohne Umschweife zog der Landsmann mit uns los. Unterwegs erkundigte er sich nach Neuigkeiten aus Marokko und unserer Reise.

Bald standen wir vor dem Haus mit einer Menge Namenschilder und Klingeln, einige fast unlesbar, andere sorgfältig gedruckt.

Wir suchten, fanden aber nicht den Nachnamen von Said. Während Khalid angestrengt ein Namenschild nach dem anderen mit dem Finger abfuhr, erzählte er fast nebenbei, dass Said keine eigene Wohnung habe, sondern Untermieter bei einem älteren Studenten sei. Dessen Namen suchte er gerade.

Damals in Marrakech hatte mir Said davon nichts erzählt. Im Gegenteil: Es klang so, als bewohne er eine richtige eigene Wohnung im Studentenviertel! Schielte der Teufel schon wieder feixend um die Ecke und versuchte, das kleine Hoffnungslicht auszutreten?

Endlich drückte unser Begleiter fest auf einen Klingelknopf. Augenblicke später brummte der Türöffner und ließ uns eintreten.

Jemand schaute von oben zwischen den Treppengeländern hindurch auf uns.

Mit wenigen Schritten kam der Betreffende herunter: Said stand vor uns.

Said rettet uns
Said aatkna

Sichtlich erstaunt darüber, dass ich nach unserem Gespräch in dem kleinen Café am Jemaa el-Fna tatsächlich mit zwei Freunden nach Aachen gekommen war und nun vor ihm stand, bat Said uns in die Wohnung.

Ihm wurde schnell klar, dass dies kein Höflichkeitsbesuch war, sondern wir seine Hilfe dringend benötigten. Wofür hat man schließlich Landsleute?, rechtfertigte ich mich insgeheim, um meine schlechtes Gewissen wegen unseres Überfalls zu zerstreuen.

Es war für uns alle eine unangenehme Situation. Said ließ sich nichts anmerken, sondern fragte nur, ob wir denn schon eine Unterkunft hätten. Ich verneinte und wollte ihm erklären, was uns nach Aachen geführt hatte.

Doch er unterbrach mich und meinte: »Erzählt mir alles ein andermal. Ich muss euch nämlich sagen, dass ich nicht allein zu entscheiden habe, ob ihr hier nächtigen könnt. Ich wohne auch nur zur Untermiete.«

Es wurde still in dem kleinen Zimmer. Wir schauten uns fragend an. »Macht euch keine großen Sorgen. Irgendeine Lösung wird sich schon finden!«, versuchte er uns zu trösten.

Und so kam es dann auch: Der Wohnungsinhaber ließ uns mit Einverständnis des Hausmeisters tatsächlich zwei Tage und Nächte bei Said hausen. Die Enge des Zimmers ertrugen wir nur, weil wir seit unserer Abreise aus Marokko sowieso ständig neue Unterkünfte bewohnt hatten und das Vertraute eines eigenen Bettes schon gar nicht mehr kannten.

Said zog mit seiner Matratze unter den Schreibtisch. So konnten wir drei einigermaßen ausgestreckt schlafen. Wir fühlten uns wie Flüchtlinge, die irgendwo gestrandet waren.

Der Hausmeister war informiert, dass wir drei Marokkaner nun Untermieter vom Untermieter waren. Er begegnete uns zunächst mit Distanz. Sein grauer Kittel verlieh ihm dazu die nötige Autorität, aber irgendwie schien er uns doch zu mögen.

»Hallo, ihr Araber«, grüßte er uns. Es klang nicht herablassend, eher väterlich und mitfühlend, weil wir ja derzeit ohne ein richtiges Dach über dem Kopf leben mussten. Außerdem verstanden wir nur die Hälfte von dem, was man uns sagte.

»Ein paar Tage dürft ihr bleiben, aber dann...«, und er zeigte dabei Richtung Straße. Wir hatten verstanden!

Am Morgen wurde das Nachtlager wieder zu einem Wohn- und Arbeitszimmer umfunktioniert. Dann rief uns die vermeintliche Pflicht, die Uni näher kennenzulernen und uns im Studentenwerk für eine Unterkunft vormerken zu lassen.

Vorher aber entdeckten wir verschiedene Schätze am Straßenrand: Es war Sperrmüll. Um Said für seine Gastfreundschaft zu danken, beschlossen wir, ihn mit einem ziemlich gut erhaltenen orientalischen Teppich zu überraschen.

So schleiften wir das schwere Stück in sein Zimmer und freuten uns auf sein Gesicht.

Doch seine Reaktion war nicht, wie wir sie uns erhofft hatten. Wir fanden es ungerecht und waren ziemlich beleidigt, als er Stunden später bei seiner Rückkehr fürchterlich erbost forderte, das *Drecksding* – wie er es bezeichnete – umgehend wieder wegzubringen! Aber wohin? Schließlich hatte der Sperrmüllwagen den Rest der entsorgten Möbel, Lampen und Teppiche an den Straßen inzwischen abgeholt.

So trugen wir unsere Beute in der Dunkelheit zu einer großen Mülltonne in der Nähe. Vielleicht hatte ja jemand anderes Freude an diesem Schmuckstück, und so wäre dies sogar noch eine gute Tat!

In diesen paar Tagen wollten wir die Tristesse von Clausthal-Zellerfeld ausgleichen. Wir trieben uns im Studentenviertel herum und fanden alles richtig aufregend

»Das hier ist eine tolle Stadt, hier ist Leben«, waren wir uns einig. Überall hingen Plakate mit Hinweisen auf Veranstaltungen. Einige verstanden wir nicht, andere präsentierten sich durch Fotos als Tanz-, Theater- oder Musikaufführungen.

Unsere Erkundigungen führten uns auch zu Einrichtungen der Uni. Schließlich waren wir gewillt, recht bald ordentliche Studenten zu werden!

Und allmählich bekamen wir Augen für die Schönheit der Stadt mit ihren alten Gebäuden, dem vielen Grün und für den berühmten Kaiser Karl, der vor dem Rathaus – ohne auf einem Pferd zu sitzen! – Einheimische und Fremde begrüßt.

Überall in der Innenstadt liefen Studenten herum oder saßen in den Kneipen.

Bei all dem Neuen durften wir aber nicht vergessen: Wie würden wir eine langfristige Unterkunft bekommen, wie rich-

tig Deutsch lernen und mit dem Studium anfangen?
Fragen über Fragen türmten sich auf. Es gab Phasen, da war jeder still und nachdenklich, und wir gingen uns gegenseitig gehörig auf die Nerven.
Trotzdem unternahmen wir weiterhin alles gemeinsam.

Plötzlich löste sich eines unserer größten Probleme wie von selbst: Der Hausmeister kam zu uns und bedeutete Said uns zu übersetzen, dass wir in einigen Tagen im Dachgeschoss ein Zimmer beziehen könnten!
Unser nächstes vorgeschriebenes Gebet war daher voller Dankbarkeit: Allah hatte uns nicht vergessen!
So nahmen wir drei die geräumige Bude unter dem Dach in unseren Besitz. Da die Miete untereinander geteilt wurde, belastete sie den Einzelnen nicht zu sehr.
Möbel hatten wir keine. Das Zimmer war bis auf ein breites Bett und eine Schlafcouch leer. So zogen wir los und benutzten die praktische deutsche Einrichtung ein weiteres Mal: den Sperrmüll! allerdings in weiter entfernten Straßen.
Die Konkurrenz zwischen uns und polnischen oder türkischen Mitstreitern war immens, aber wir waren schneller und weniger wählerisch: Ein grünes Sofa, ein ausrangiertes Regal von Ikea, ein Teppich und…, ein Fernseher aus gelacktem, braunen Holz, schön anzuschauen, mit zwei Türen vorn und auf vier Füßen stehend, aber leider nur mit schwarz-weiß Bild, zierten bald unsere Unterkunft. Wir waren selig.
Plötzlich schleppte Abdel einen weiteren Fernseher an. Diesmal in Farbe. Was tat unser Freund? Er setzte sich auf das Fensterbrett und legte seine Füße auf eines der Fernsehgeräte. »Ihr braucht gar nicht so blöd zu gucken. Jetzt kann *ich* entscheiden, ob er angeschaltet wird oder nicht! Nicht wie zuhause, wo mein Vater das Monopol über unser Scheißgerät hat. Dem ist der Kasten heilig. Nur er darf ihn bedienen und das Programm bestimmen! Hier läuft das jetzt anders!«
Reagierte Abdel auf diese Weise seinen Vater-Sohn-Komplex ab? Uns war es egal. Wir hatten eine Bude, zwei Fernseher und noch mehr Kostbarkeiten und fühlten uns königlich im eigenen Reich.

Nun nahte die Stunde der Wahrheit. Vorbei war es mit der Entschuldigung: *Wir sind ja noch nicht richtig angekommen!*
Wir mussten Deutsch lernen, lernen, und nochmal lernen! Erst dann konnten wir auf die Aufnahmeprüfung ins einjähri-

ge Studienkolleg hoffen. Dort würde man uns in Mathematik, Chemie, Physik und auch in Deutsch *das Fell über die Ohren ziehen* und uns quasi ein zweites Mal das Abitur machen lassen.

Wie aber in irgendwelchen Bibliotheken an Bücher kommen, wenn man noch keinen Studentenausweis vorzeigen kann? *Die Katze biss sich in den Schwanz:* ohne Ausweis keine Bücher, ohne bestandene Prüfung kein Ausweis, der uns wiederum befähigt, Bücher auszuleihen...

Wir ahnten, dass es von Vorteil für uns war, wenn wir regelmäßig den Kurs *Deutsch als Fremdsprache* besuchten, der an der Hochschule für ausländische Studenten angeboten wurde.

In den Übungsheften erfuhren wir neben dem Lernen von Grammatik und Vokabular, wie sich das Leben in Deutschland gestaltet und die Deutschen eigentlich ticken: Der Umgang mit Behörden und auch die politische Landschaft wurden angesprochen ebenso wie die deutsche Geschichte. Ausbildungsmöglichkeiten, der Weg ins Berufsleben, das Miteinander der Geschlechter, Freizeitverhalten und vieles mehr waren Teil des Lehrplans. Angereichert mit mehr oder minder verständlichen Fragen wurde angestrebt, uns Ausländer kulturell zu informieren und unsere Integration zu erleichtern.

Was uns allerdings am meisten beschäftigte: Wir brauchten Geld! Der elterliche Beitrag war bereits fast aufgebraucht, denn die Kaution für unsere Bude hatte viel verschlungen, unsere Reise sowieso, und leben mussten wir ja auch von etwas.

Ohne Ausweis aber war im Studentenwerk offiziell nichts zu machen, um an einen Job zu kommen. Wir könnten dieses überlebenswichtige Dokument erst nach bestandener Prüfung erhalten – wenn es gut ging, im Februar, also erst in etwa zwölf Wochen.

So saßen wir in unserem *Königreich* zusammen und beratschlagten, wie wir uns vor einer Verelendung retten könnten und kamen auf die geniale Idee, illegal vorzugehen: Wir wollten uns Studentenausweise borgen, mit denen wir einen Job bekämen und in der Bibliothek Bücher ausleihen dürften. Das Lesen deutscher Literatur wurde uns ja dringend empfohlen!

Mutig gingen wir ans Werk. Skrupel wegen der falschen Identitäten wischten wir vom Tisch, zumal die Ausweise keine Fotos trugen und deshalb die Wahrscheinlichkeit aufzuliegen recht gering war – wie wir meinten!

Wir gingen nach dem Motto vor: Wozu hat man Freunde? Wie praktisch, wenn sie Landsleute sind.

Ich bekam den Ausweis von Said, Abdel und Ftah die von anderen Marokkanern aus dem Haus. Offensichtlich hatten sie ebenso wenig Schuldbewusstsein wie wir.

Bewaffnet mit diesen Ausweisen und den dort verzeichneten persönlichen Daten im Kopf konnte es losgehen.

Unser Vater Herr Schlicher – und: Vom Tellerwäscher nicht zum Millionär

Chlecher bhal L pualid, ou machi man ghssil tbassel l millionaire

Unsere Devise hieß: Vor dem Lernen kommt das Geldverdienen!

Die erste Begegnung mit dem Chef der Jobvermittlung im Studentenwerk war prägend. Wir gerieten an Herrn Schlicher, einen Mann, ähnlich groß wie Bundeskanzler Helmut Kohl, mit glattem, nach hinten gekämmten Haar und akkurater Kleidung. Später sagten wir *unser Vater* zu ihm, denn an unserem Überleben hatte er keinen geringen Anteil.

Aber zuvor machte er uns das Leben schwer, denn er traute uns nicht und *nahm uns in die Mangel*, wie man in Deutschland sagt.

Schon beim Betreten seines Büros ging es los. Ich hatte versehentlich die Tür halb offen stehen gelassen. Sofort kam seine bissige Bemerkung: »Wohl im Zirkus geboren?«

Da er den Satz sehr schnell gesprochen und ich nur *Zirkus* verstanden hatte, fragte ich erschrocken zurück: »Muss ich im Zirkus arbeiten?« Er beruhigte mich wohlwollend grinsend, und so begann unser erster Kontakt.

Es wurde ernst, als er unsere Studentenausweise sehen wollte.

»Drittes Semester?«, fragte er und schaute mich dabei durchdringend an. »Hm«, ich blickte auf den Tisch.

»Ihr beiden, eure Ausweise, her damit. Ihr seid natürlich auch im dritten Semester!? Komisch, dass ich euch noch nie gesehen habe!«

»Wir hatten keine Zeit arbeiten zu gehen«, meinte Ftah treuherzig.

»Und wo wohnst du?« Wie aus der Pistole geschossen und erleichtert darüber, zwischendurch einmal die Wahrheit sagen zu können, kam es von uns dreien wie aus einem Mund: »Wittekindstraße.«

»So, so! – Wie bist du versichert? Welche Kasse?«, wollte er von mir wissen.

»Kasse? Ja – Sparkasse in der Pontstraße.« Herr Schlicher musste wieder grinsen, diesmal begleitet von einer Prise Ungeduld.

»Steuerkarte?« Da ich sowieso nicht wusste, was er meinte und ich eine solche Karte bestimmt nicht besaß, verneinte ich wahrheitsgemäß.

Mehr und mehr spürte ich, dass er Spaß daran hatte, mit uns ein Katz- und Mausspiel zu treiben, denn er hatte uns längst durchschaut. Wann würde er zuschnappen?

Aber er schnappte nicht zu. Im Gegenteil!

Versehen mit dem Segen und einer Bescheinigung von Herrn Schlicher traten wir unseren ersten Tagesjob in einem großen Baumarkt an der Krefelder Straße an.

Prompt verfingen wir uns in den Fallen neuer Missverständnisse. Abdel wurde von einem der Mitarbeiter aufgefordert, eine Schere zu holen. Da dieser merkte, dass der Marokkaner ihn nicht verstand, bewegte er den ausgestreckten Zeige- und Mittelfinger und machte die Gebärde für *schneiden*.

Abdel hatte nichts Besseres zu tun, als zu antworten: »Nein, ich rauche nicht!«

Selig, unser erstes selbst verdientes Geld in Händen zu haben, traten wir am Abend den Heimweg an und gönnten uns die Busfahrt.

Müde und abgekämpft saßen wir auf der Bank der Haltestelle und streckten wie geschlachtete Hühner an der Stange die Beine aus. Acht Stunden Paletten abladen und Waren einordnen war ganz schön viel für uns gewesen. Ob Herr Schlicher diese Arbeit anderen nicht zumuten wollte? Wir wussten es nicht. Aber wir hatten eigenes Geld, und das war die Hauptsache!

Ein Pärchen kam näher. Der junge Mann schaute auf den Fahrplan und meinte zu seiner Begleiterin, dass der Bus schon längst hätte kommen müssen.

»Wie lange seid ihr schon hier?«, fragte er Ftah.

»Einen Monat.«

Das Gesicht des jungen Mannes habe ich leider nicht sehen können! Es war schon zu dunkel.

Unser erstes eigenes Geld musste gefeiert werden. Wir beschlossen, zum nächsten Gyrosessen in die Pontstraße zu ziehen und kehrten dort beim Griechen ein. Vorsichtshalber fragten wir den Verkäufer, ob es sich um Schweinefleisch handelte.

»Nein«, versicherte er uns, »is Rind.«

Beruhigt machten wir uns über den Döner mit leckerem Gyrosfleisch her. Selten hat uns irgendetwas so gut geschmeckt! Daran änderte sich auch nichts, als wir kurz danach im Café Che erfuhren, dass wir mit viel Genuss Schweinefleisch verzehrt hatten!

Die Sorge, nicht genügend Zeit zum Deutschlernen für die Aufnahme an der Universität zu haben und zwei Monate später durch die Prüfung fallen zu können, saß uns im Genick. Sonst hätten wir nach Hause zurückkehren müssen.

Doch keine noch so düstere Aussicht hielt uns davon ab, wieder zu Herrn Schlicher zu gehen und erneut um Arbeit nachzufragen.

Neuerdings hatten wir Konkurrenten. Nummern wurden vergeben. Ich hatte einmal die Nummer fünf und wenige Chancen, für diesen Tag einen Job zu bekommen. Abdel schaute noch trüber drein. Ftah fing an zu fluchen.

An anderen Tagen dagegen sah es günstiger aus. *Unser Vater* hielt nach wie vor unsichtbar die Hand über uns, ermöglichte, dass wir statt um sieben Uhr erst ab vierzehn Uhr zu arbeiten anfangen mussten und schanzte uns Jobs zu, die zu uns passten.

Der Vermittlung von Herrn Schlicher hatte ich eine besondere Tätigkeit zu verdanken, die ich bald antreten durfte: Ich begann als Tellerwäscher im Steigenberger Hotel an der Monheimsallee. Leider wurde aus mir aber kein Millionär.

Dafür bekam ich die Chance, in der Küche dieses Grandhotels zu arbeiten. Dort zu schuften war sicherlich etwas anderes, als in einem herkömmlichen Restaurant. Der Glanz des Hauses färbte auf mich ab und ließ diese eigentlich unangenehme und anstrengende Arbeit in einem weniger schlimmen Licht erscheinen.

In der Hierarchie des Betriebs befand ich mich auf der untersten Stufe und hätte mich in früheren Jahrzehnten nicht vom Hotelschuhputzer oder Pferdeknecht unterschieden. Obwohl Spülmaschinen manchen Handgriff übernahmen, mussten das verschmutzte Geschirr, die Bestecke und Gläser vorgespült, eingeordnet, ausgeräumt, gestapelt und wieder in Regale eingeräumt werden. Dann doch lieber gleich als Millionär anfangen, dachte ich in einem Anflug von Sarkasmus.

Der erste Schritt dahin entsprach meinem Naturell, nichts im Leben unversucht zu lassen!

Mehrmals hatte ich heimlich die geschmackvoll und aufwändig eingedeckten Tische im Speisesaal bewundert. Kellner in feinen schwarzen Anzügen mit Fliege und weißem Hemd waren an mir vorbei geschwebt. Sie hatten mich in meiner verschwitzten Küchenkluft kaum beachtet und machten mir auf diese Weise die Standesunterschiede deutlich.

Das wollte ich ändern – ich wollte auch kellnern! Ohne zu wissen, was dort auf mich zukommen könnte und ohne die Feinabstimmungen in dem Kosmos *Service in einem Hotel* zu kennen, ging ich auf eine meiner Chefinnen, einer älteren, erfahrenen Kellnerin, zu und trug ihr meinen Wunsch vor.

»Du willst servieren? Schon mal gemacht?«

Sollte ich schwindeln und dadurch meine Chancen erhöhen oder offen zugeben, eigentlich keine Ahnung zu haben? Ich entschied mich für die ehrliche Variante. Außerdem wäre ich schnell aufgeflogen, würde ich von den Kollegen kritisch beäugt werden. Schließlich war ich ab sofort ein Konkurrent im heißen Kampf um die Trinkgelder.

Kein *Ja* oder *Nein* von ihr.

»Hast du eine Fliege?«

Ich bejahte, ohne eine zu besitzen.

»Anzug?«, wollte sie wissen.

»Kann ich regeln.«

Mir wurde mulmig zumute, denn ich besaß nur eine schwarze Jeans, die bereits viel mitgemacht hatte, aber kein Sakko. Hinsichtlich eines weißen Hemdes sah es günstiger aus, ebenso bei den Schuhen.

Im Hochgefühl, bald aus der dampfenden Spülküche in eine feinere Umgebung umziehen zu können, sprach ich nach Feierabend einen der Mitbewohner in unserem Haus an. Mir war aufgefallen, dass er stets ein schickes Sakko trug, so ganz anders als die übrigen Studenten in ihren Parkas, Anoraks oder einfachen Pullovern.

»Komm rein und such' dir eins aus«, ermunterte mich der Nachbar am Abend, aus dem Kleiderschrank ein passendes Sakko auszuwählen. Ich bekam vor Staunen den Mund nicht mehr zu. Vor mir hingen etwa zwanzig helle, dunkle und gemusterte Jacketts!

»Die hole ich mir bei der Caritas!«, kam er meiner Frage zuvor, woher er diese Schätze denn habe.

So begann am nächsten Tag meine Karriere als schick gekleideter Kellner. Was ich zu tun hatte, war: Stühle stapeln, von einem Saal zum anderen! Ich zeigte mich besonders eifrig und beinahe übermotiviert, weil ich einen guten Eindruck machen wollte.

Ohne auf den Rat eines älteren Kellners zu hören, stapelte ich mehr Stühle als zulässig. Plötzliche Warnrufe verhinderten noch Schlimmeres: Der Turm kippte, und einzelne Stühle knallten gegen Schränke und Sideboards an der Wand!

Der Boden tat sich – wie ich in diesem Moment gehofft hatte – leider nicht auf! Ich konnte auch in kein Mauseloch kriechen, sondern musste die bösen und ironischen Blicke der anderen ertragen.

In der älteren Kellnerin fand ich überraschenderweise eine mitfühlende Chefin. Vielleicht hatte ich in ihr Muttergefühle geweckt.

Geduldig wies sie mich ein in das, was einem Neuling in der Probephase zuzumuten war: mehrere Teller übereinander tragen, Besteck richtig auflegen, Weinflaschen entkorken, einschenken, anreichen, abräumen, diskret auftreten und stets *wie aus dem Ei gepellt aussehen.*

Zum Glück fühlte ich mich in meinem Kellner-Outfit sehr gut. Ich erinnerte mich an die Dienstkleidung der Bedienungen in einem der schicken Touristenhotels am Stadtrand von Marrakech, in das ich als Jugendlicher ein Schreiben bringen musste. Während der Hitze des Tages waren die bedauernswerten Angestellten dazu verdonnert, hochgeschlossen mit Krawatte und Jackett oder Weste herumzulaufen. Insofern war dem kalten Wetter hier in Aachen sogar etwas Positives abzugewinnen.

An diesem Vormittag fand ein Brunch statt. Mein erster richtiger Großeinsatz lag vor mir. In der Nacht hatte ich mich wie vor einer Prüfung im Bett gewälzt und war aufgeregt, weil ich sehr früh aufstehen und pünktlich vor Ort sein musste.

Was hatte ich mir mit diesem Job nur angetan?, fragte ich mich, als ich die selig schlummernden Freunde sah und anschließend fröstelnd durch die noch schlafende Stadt in ihrer sonntäglichen Ruhe wanderte.

Ich beschimpfte mich selbst: Was Besseres sein wollen..., nicht zufrieden sein mit dem, was mir das Schicksal in der Person von Vater Schlicher zugeteilt hat..., nur ans Geld denken... das Deutschlernen vernachlässigen – Mir war elend zumute.

Es kam, wie es an einem solchen Tag nur der Teufel treiben konnte: Jeder Handgriff gelang bei größter Konzentration zur

Zufriedenheit. Doch plötzlich landete vor den Augen aller in einem unaufmerksamen Moment durch mich auf der Krawatte von einem der Gäste eine Ladung Dressing! Der Herr nahm es gelassen.!

Nach Ansicht der gütigen älteren Kellnerin und einer weiteren Kollegin hatte ich meine Sache bislang prima gemacht. – »Der ist gut!« Das Donnerwetter des Servicekräfte-Chefs fiel nach meiner aufrichtigen Entschuldigung mild aus. »Wieso haben Sie nicht besser aufgepasst?«, war alles, was er kommentierte.

Kidiar al hamek, ist dir so was noch nie passiert?, dachte ich und war dennoch froh, die Reinigung nicht bezahlen zu müssen.

Unbarmherzig verringerte sich die Zahl der Tage bis zur Deutschprüfung, und unsere Kenntnisse verbesserten sich kaum.

Wir vermochten uns im Supermarkt, an unseren Arbeitsplätzen und mit deutschen Studenten irgendwie zu verständigen, verwendeten aber weder Dativ noch Akkusativ, konnten die Adjektive nicht richtig deklinieren und auch nicht dem Nomen zuordnen. Artikel waren Luxus. Es ging doch auch ohne sie.

Je mehr wir lernten, desto tiefer wurde das Tal der Unkenntnis, und der Berg an sprachlichen Problemen türmte sich mehr und mehr auf. Ich bekam allmählich Alpträume!

Schon nach dem Erhalt des Visums für eine deutsche Uni, war in uns die Angst hochgekrochen, diese verflixt schwere Sprache niemals erlernen zu können. Und so schien es jetzt tatsächlich zu sein.

Ein Zustand der Resignation setzte ein. Wir mussten uns zusammenreißen, um Lernen, Jobben, Futter besorgen und Schlafen *unter einen Hut zu kriegen.*

Der Gedanke, dass es andere marokkanische Kommilitonen auch geschafft hatten, half uns wenig.

Wir besorgten uns deren Skripten und Aufzeichnungen, holten mit unseren ausgeliehenen Ausweisen aus der Bücherei Übungshefte, beschäftigten uns mit deutschen Texten, ohne sie recht zu verstehen und erkundigten uns nach den Mindestanforderungen, um die Prüfung überhaupt zu schaffen.

Vokabeln und Grammatikregeln fragten wir uns gegenseitig nach einem selbst zusammen gestellten Plan ab. Es brachte leider wenig. Jedes Mal endete der Austausch unserer geistigen Bemühungen nach kurzer Zeit in längeren Schlafphasen.

Wir konnten schließlich nicht anders: Geld verdienen hatte Vorrang, und das machte müde und wenig sensibel für so etwas wie das Erlernen einer Sprache mit all ihren grammatikalischen Geheimnissen.

Vor meinem inneren Auge sah ich meinen Vater in Paris, als er mich beim Abschied noch einmal erinnert hatte: »Denk dran, es gibt kein Zurück!« Diese Mahnung hatte sich bereits seit dem Telefonat damals, in dem er mir zu meiner großen Freude seine Unterstützung zugesagt hatte, unauslöschlich in mein Gehirn gehämmert. Dieser Satz begleitete mich wie ein Zwilling bis nach Clausthal-Zellerfeld und schließlich bis hierher…

Aber erst mal Karneval!

Der kleine Jesus und die marokkanischen Jecken

Papa Nöel ou l karneval

Die Leute in Aachen waren tagelang wie von einem Virus infiziert, der sie in einen Zustand ständigen Feierns in verrückten Verkleidungen versetzte. Jugendliche, Alte, Frauen und Männer zogen durch die Stadt und schienen in dieser Zeit Alkohol als Grundnahrungsmittel zu sich zu nehmen.

Auch die Wittekindstraße und das Café Che blieben davon nicht verschont. Die Räume waren geschmückt. Um die Bilder herum und unter den Lampen hing Konfetti. Araber verkleideten sich als Wikinger, Deutsche als Kameltreiber und Asiatinnen trugen bayerische Dirndln.

Am sogenannten *Rosenmontag* sollte mit dem stundenlangen Umzug der Narren durch die ganze Innenstadt die Krankheit ihren Höhepunkt erreichen – bis sie zwei Tage später lautlos wieder verschwand.

Von großen, geschmückten Wagen aus wurden die johlenden Zuschauer am Straßenrand mit *Kamelle,* wie sie das süße Zeug nannten, beworfen, und bei krachender Musik riefen alle ständig *Alaaf.* Dabei bewegten sie wie ein Verkehrspolizist die Arme hin und her oder umarmten mit kumpelhaftem Grinsen fremde Menschen.

Im Kellnerkostüm war ich in meinem Grandhotel mittendrin im Gewühl und fühlte mich dabei wie ein Hamster in seinem Rad. So viel war zu tun, um die Karnevalsgäste in den bunt geschmückten Speisesälen zufrieden zu stellen.

Frauen in ihren freizügigen Kostümen ließen meinen Atem stocken, wenn sie wild geschminkt und verführerisch lächelnd daher kamen und der ein oder andere Blick auf mich fiel. Welch eine wunderbare Welt! Warum nur erlebte ich so was erst jetzt!?

Abdel und Ftah hatten wie ich Gefallen an dem bunten Treiben gefunden und wir trafen uns nach Arbeitsschluss mit Studenten im Café Che, um dort Karneval zu feiern – ohne eigentlich zu wissen, warum und weshalb!

Wochen vorher hatte sich die Stadt auf das große Fest der Christenheit – der alljährlichen Geburt von Jesus – eingestellt.

Es wurde unser erstes Weihnachtsfest, dem so viele folgen sollten. Damals ahnten wir nicht, dass diese besonderen Feiertage irgendwann wie selbstverständlich neben unseren eigenen, muslimischen Festen stehen würden.

Kunstvoll beleuchtete Girlanden und Sterne hingen in den Einkaufstraßen Aachens und versetzten die alten Gebäude in einen wunderbaren Glanz.

Die Leute gerieten vor Heiligabend in einen uns unverständlichen Kaufrausch, als gälte es Rekorde aufzustellen.

Am vierundzwanzigsten Dezember wurde er schlagartig ab nachmittags von einer fast gespenstischen Stille auf den Straßen abgelöst.

Wir waren verwundert darüber, wie die Leute zuvor scheinbar all ihr Geld für Geschenke ausgaben, ohne dass der kleine Jesus ein Mitspracherecht darüber hatte, was wirklich nötig und was überflüssig war. Sollten die Geschenke für ihn sein? – oder für wen sonst?

Im Islam ist Jesus als Prophet auch eine herausragende Person – aber deshalb muss doch nicht geschmückt, geputzt, gebacken, gekauft und Unruhe ohne Ende verbreitet werden!

Doch auch wir hatten etwas von dieser christlichen Sitte, denn am Weihnachtstag lag eine hübsche Tüte mit Plätzchen vor unserer Tür. Von welchem Engel mochte sie wohl gekommen sein?

Tage später ging es mit dem Rummel in den Geschäften wieder los. Nur jetzt anders herum. Offensichtlich trugen viele ihre Geschenke zum Umtausch wieder zurück in die Läden!

Und in den Schaufenstern erschien erschreckend schnell die Dekoration für den Jahreswechsel: Raketen für ganze Armeen wurden gekauft, zu Silvester in Stellung gebracht und bunt schillernd, krachend und stinkend in den mitternächtlichen Himmel von Aachen geschossen. Das neue Jahr – 1993 – hatte begonnen

Allah hatte geholfen, als wir drei unsere erste Deutschprüfung ablegten… und mit knapp ausreichend bestanden! Das war gerade so geschafft, aber es reichte für den nächsten Schritt in Richtung Studium.

Und es wurde weiter fleißig Geld verdient. Aber anders!

Vür sönd allemoele Öcher Jonge…
koulna chabab Öcher

Unser letztlich doch zum intensiven Lernen mutiertes Prüfungsverhalten hatte bewirkt, dass mich das Grandhotel nicht mehr regelmäßig einsetzen konnte.

Ich musste aufhören und wurde von *unserem Vater* an ein Altersheim mit günstigeren Arbeitszeiten vermittelt. Hier lernte ich die wahre *Öcher Seele* kennen: Menschen, die am Ende ihres Lebens bescheiden dahin lebten und den Humor gleichsam als Elixier benutzten, um ihr Alter möglichst erfreulich gestalten zu können.

Der Gegensatz zu den Menschen im feudalen Steigenberger hätte nicht größer sein können.

Wo war ich lieber?, fragte ich mich später manchmal, vermochte aber keine Antwort darauf zu geben.

Meine Arbeit teilte sich auf in recht schwere körperliche Tätigkeit und so etwas wie therapeutisches Verständnis für die Bewohner. Dabei hatte ich anfangs weder von korrekter Hebetechnik und seniorengerechter Hilfestellung noch von seelischem Beistand irgendeine Ahnung.

Da gab es Frau Plum, eine alte Dame mit fortgeschrittener Hör- und Sprachstörung. Eines Tages versuchte sie, mir etwas mitzuteilen. Ich verstand sie jedoch nicht und lächelte möglichst warmherzig und interessiert zurück. Daraufhin strich sie mir über den Kopf und meinte zu meiner Verwunderung: »Du bist ein richtig feiner Neger!«

Ein alter Herr, der seine Aachener Mundart bereits mit der Muttermilch eingesogen und wohl nie anders gesprochen hatte, stoppte seinen Rollstuhl vor mir und sprach mich an: *»Jong, ich hätt Lust auf ne Jurke. Holste mich eine?«*

Etwas ratlos suchte ich nach einem Dolmetscher. *»Jurke*, was ist das?«, fragte ich den nächsten Mitarbeiter. Sein Lachen noch immer in den Ohren, konnte ich den etwas ungewöhnlichen Wunsch des Seniors erfüllen.

Einen anderen Bewohner, Herrn Laufs, hatte ich besonders ins Herz geschlossen. Obwohl er an Alzheimer erkrankt war und sein Leben dadurch nicht mehr alleine geordnet bekam, hatte er immer mal wieder lichte Momente, war dann lustig und voller dummer Sprüche. Die galten auch schon mal Ausländern. Ich nahm ihm das nicht übel, denn er konnte auch über sich selbst lachen.

Eines Tages war sein Bett leer.

»Er ist plötzlich von uns gegangen«, hörte ich jemanden sagen. Obwohl ich ihn bereits als bettlägerigen Kranken kennen lernte, hatte mich die Unmittelbarkeit seines Todes doch sehr getroffen.

Ich nahm mir vor, zu seiner Beerdigung zu gehen und erkundigte mich nach Termin und Friedhof. Da die Beisetzung etwas außerhalb stattfand, musste ich mit dem Bus fahren und einmal umsteigen. An einen der Busfahrer gewandt, wo der betreffende Friedhof sei, beschrieb er es mir und setzte dann nach: »Was macht eigentlich ein Afrikaner auf einem deutschen Friedhof?«

Auch das ist Aachen, dachte ich und musste schlucken.

Im Laufe der vielen Monate im Seniorenheim fühlte ich mich nicht nur wie ein richtiger Aachener, sondern war tatsächlich zum Aachener geworden. Die unmittelbare und herzliche Nähe zu den alten Menschen tat mir gut, und an ihre Mundart hatte ich mich schnell gewöhnt.

Auf ihre Frage, woher ich denn komme, konnte ich aus vollem Herzen antworten: »Ich bin ne *Öcher Jong* aus Afrika.«

Julie, eine alte, zerbrechliche Dame, wollte nicht aus dem Bett. Wurde sanfte Gewalt angewandt, um sie zum Aufstehen zu bewegen, konnte sie recht unhöflich werden. Als ich sie eines Tages unfachmännisch anfasste, bekam ich böse zu hören: »Du schwarzer Esel, pass doch auf!«

Mehr und mehr übernahm ich ungewollt eine Art therapeutische Aufgabe, indem mir mancher Bewohner des Altenheimes sein Herz über lange Jahre zurück liegende Kümmernisse ausschüttete.

Was konnte ich für sie tun? Ich hörte einfach nur zu.

So lernte ich auch Frau Hündreich kennen, die ständig vom Krieg sprach und ihrem Mann, von dem sie täglich Feldpost bekommen hatte und der kurz nach seiner Heimkehr gestorben war.

Aber auch Komisch-Tragisches geschah. Da hatte doch, wie mir Frau Thouet eines Tages erzählte, ihr die Frau Frank vor fünfzig Jahren den mittlerweile verstorbenen Mann ausgespannt! Er hatte sich für die andere entschieden. Wie es das Schicksal wollte, waren beide Frauen nun im gleichen Altenheim gelandet und mussten jetzt versuchen, das Beste daraus zu machen, ohne sich gegenseitig die Augen auszukratzen!

Auch Spott gab es im Altenheim. Eine Bewohnerin lief ständig herum, und ihre permanente Unruhe ging den anderen gehörig auf die Nerven. Schließlich wurde angeordnet, sie zu fixieren, damit wieder Ruhe auf der Etage einkehren sollte. Eine andere Bewohnerin betrachtete sie aus ihrem Sessel heraus und meinte grinsend: »*Da sitzte jetz jut, wa?*«

Trotz der schweren Arbeit fand ich hier inneren Ausgleich zu der Untriebigkeit in der Wittekindstraße.

Wir hatten nämlich seit kurzem am Hausverwalter vorbei vier marokkanische Studenten, die ohne Unterkunft waren, aufgenommen. Der Hausmeister hatte wieder einmal ein Auge zugedrückt und ließ die Burschen für kurze Zeit ihre Matten bei uns ausbreiten.

Als Dank dafür machten wir Musik ohnegleichen, laut und ziemlich schräg.

Hier im Seniorenheim zwischen den alten Menschen kam ich nicht dazu, über die nächsten Schritte auf dem Weg zu meinem Studium zu grübeln. Es war auch gut so!

In der Zwischenzeit hatten wir telefonisch aus unseren Elternhäusern die Nachricht erhalten, dass kurz nach unserem Aufbruch aus Marrakech auch eine Zulassung zum Studium in Bonn für mich eingetroffen war. Ftah und Abdel hätten nach Bochum gehen können.

Aber was wäre Bonn im Vergleich zu Aachen gewesen?, räumte ich meine Zweifel aus, während ich ein paar Brote für die Senioren zurecht machte und suchte unbewusst nach Vergleichen. Bonn soll landschaftlich sehr schön sein und ähnlich gemütlich wie Aachen. Es liegt sogar am gigantischen Rhein, den wir hier nicht haben. Und es hat trotz der Wiedervereinigung Deutschlands noch das Flair der Bundeshauptstadt… und den Beethoven.

Waren wir mittlerweile nicht *Öcher Jonge* geworden und mehr als nur Studenten, die auf verschlungenen Pfaden hierhergekommen waren?

Uns gefiel es in Aachen sehr, und jeder fühlte sich auf seine Weise integriert in das Leben dieser überschaubaren, liebenswürdigen und landschaftlich grandios gelegenen Stadt mit ihren weltoffenen Bewohnern… und mit dem Kaiser Karl, dem man hier an allen Ecken begegnet und der nach wie vor Geschichte schreibt.

»Hna bghina nbkaou! – *Wir bleiben hier!*«

Hatten wir uns in Clausthal nicht noch ganz anders entschieden?

Unseren endgültigen Entschluss besiegelten wir durch Abklatschen und waren dankbar und zufrieden, endlich angekommen zu sein.

So richteten wir unseren Focus auf den nächsten Deutschkurs mit der Aufnahmeprüfung zum Studienkolleg. Diese kam bekanntlich einem zweiten Abitur gleich.

Die erste Hürde hatten wir ja schon genommen. Das machte uns Mut und verscheuchte etwas das schlechte Gewissen, wenn wir anstatt zu lernen arbeiten gingen.

Nun besaß jeder seinen eigenen Ausweis, den wir uns aber nicht *unserem Vater* Schlicher vorzulegen trauten. Wir hätten ihn in arge Verlegenheit gebracht, zumal wir ja wussten, dass er uns von Anfang an durchschaut hatte.

Die Wochen gingen hin im Gleichklang der Abwechslung zwischen Arbeiten, Lernen, Alltagspflichten, ausgiebigem Teetrinken und Philosophieren mit Unseresgleichen im Café Che.

War da nicht noch was? – etwas, das, wie es im Deutschen heißt, *das Salz in der Suppe des Lebens ist?*

Um ehrlich zu sein – es fehlte uns etwas Weibliches! Der raue Männerton, die ständigen blöden Witze, kaum zu ertragende Unordnung im Zimmer, der Zustand der Kleidung und die einseitige Ernährung, all das löste in mir und bei beiden Freunden Sehnsüchte aus, von denen wir bisher gar nichts ahnten.

Mehr und mehr erinnerten wir uns an die weiblichen Wesen, die wir am besten kannten. Unsere Mütter! Unter ihrem liebevollen, aber straff geführten Kommando funktionierten der Haushalt und die Familie bis ins Kleinste. Da gab es keine Ausrede beim Aufräumen, Tiere versorgen, Müll wegbringen, oder solche Dinge. Dafür lag abends der Lieblingskeks auf dem Kopfkissen, wurden unsere Sorgen geduldig angehört, und wenn man einmal zu gar nichts Lust hatte, so munterte sie einen auf.

So etwas brauchten wir – aber in einer jungen Ausführung: fröhlich, unternehmungslustig, verständnisvoll – und uns zugetan! Hormone, die das alles steuerten, waren bei uns zu Genüge vorhanden.

Aber woher die entsprechende Weiblichkeit in einer Stadt nehmen, deren Hochschule hauptsächlich auf Techniker, Ingenieure und Mathematiker ausgerichtet war!?

Wie heißt es so schön? Die Eile ist vom Teufel! *Zarba men chitan!*

Und so warteten wir.

Irgendeiner steht uns immer bei
lah dima maana

In Herrn Mohren, Leiter des Studienkollegs, fanden wir erneut einen Nothelfer. Irgendwie hatte er uns wohl ins Herz geschlossen. Vielleicht gefiel es ihm, wie wir uns abmühten, die deutsche Sprache Stück für Stück zu verstehen.

Da er von unseren Studienwünschen Physik, Technik und Ingenieurwesen wusste, waren wir ihm, einem Mathematiker, wahrscheinlich recht sympathisch. Vielleicht beeindruckte ihn außerdem, dass wir kurzentschlossen aus Clausthal-Zellerfeld weggegangen waren und uns – zielstrebig – auf den Weg nach Aachen gemacht hatten.

Er war Pragmatiker. Als wir ihm von unseren Unterlagen in Clausthal erzählten, die wir uns nicht getraut hatten nachträglich anzufordern, wandte er sich an die dortige Uni und bat um Zusendung. Denn ohne Unterlagen und die Ergebnisse unserer medizinischen Untersuchungen lief hier in dieser Hinsicht auch nichts.

Ich ärgerte mich oft über uns Angsthasen, wenn es darum ging, bei deutschen Behörden wichtige Unterlagen zu beantragen. Wir waren aus Marokko gewöhnt, dass sich der kleine Angestellte in seinem Amt wie der verlängerte Arm des Königs aufplusterte. Mancher von ihnen lässt gern andere seine Macht und die Abhängigkeit von seinem Wohlwollen spüren.

Wenn seine halb geöffnete Hand dann gefüllt ist, läuft plötzlich alles wie am Schnürchen! Glücklicherweise oder auch leider geht es in Deutschland so nicht. Daran mussten wir uns erst gewöhnen.

Im Deutschkurs ging es jetzt weiter mit den Feinheiten dieser Sprache: Wir verstanden bald den Unterschied zwischen *Belege* und *Beläge*, *Häute* und *heute*, *Fälle* und *Felle*, *Bären* und *Beeren*. Wir kannten uns jetzt besser mit den Präpositionen aus und versuchten mit regelmäßigen oder unregelmäßigen Konjugationen der Verben zu jonglieren.

Wir lernten Texte zu verstehen, global und im Detail, lernten Erzählungen von Gebrauchsanweisungen zu unterscheiden und Verben sowie Adjektive, wenn nötig, groß zu schreiben.

Das Hobby der Deutschen jedoch sind die unendlich langen

Wortschlangen: *Donaudampfschifffahrtsgesellschaftskapitänsmütze* oder *Adventskranzkerzenhalter*. Damit machte der Lehrer Eindruck bei uns. Allerdings wollte er auch immer wissen, welches Geschlecht solch ein Wortwurm hat!

Parallel zum Erlernen der deutschen Sprache in *Wort und Schrift* standen auf unseren Stundenplänen die Vorbereitungen auf unsere eigentlichen Studienfächer. Es handelte sich um unglaublich viel Stoffaufnahme in recht kurzer Zeit.

Trotz dieser vermeintlichen Einschränkungen bestand unser Alltag nach wie vor in erster Linie aus Geld verdienen. Dazu kam das Lernen für die Aufnahmeprüfung – und schließlich die Suche nach der Bekanntschaft junger Frauen, um mit ihnen Freundschaften einzugehen.

Der *Malteserkeller* mit seinen Tanzpartys ganz in unserer Nähe war dafür der geeignete Ort. Dort konnten wir es uns gut gehen lassen und gleichzeitig darauf gespannt sein, ob sich unsere Wünsche erfüllen ließen.

Und die Frage des Umganges mit Alkohol, mit der wir uns bereits seit der Ankunft in Spanien beschäftigt hatten, regelte hier jeder für sich…

Ob mir Frau Kaiser im Altenheim eines Tages etwas ansah? Vielleicht, weil ich so fröhlich vor mich hin trällerte?

Sie hielt mich am Arm fest und schaute mir verschmitzt in die Augen. »Wo hass de dich jestere ammesiert?«

»Im Malteserkeller, Frau Kaiser«, antwortete ich wahrheitsgemäß auf ihre unerwartete Frage.

Die alte Frau schien von einem Moment auf den anderen in eine vergangene Zeit abzutauchen – als würde sie sich eigenen lebhaften Erinnerungen hingeben. Eine Weile später lächelte sie mich an und begann zu erzählen: »In den Jahren nach dem Krieg war es nicht weit her mit den Männern. Sie waren entweder gefallen, in Gefangenschaft, verheiratet oder alt. Wir jungen Frauen hatten da so unsere Probleme: woher einen Mann kriegen? Bei Tanzvergnügen erkannte unser geschärfter Blick immer schnell: Trug er einen Ring, war alles umsonst – war der Ring in der Tasche verschwunden, galt es als Zeichen, sich näher kommen zu können…«

Frau Kaiser kicherte vor sich hin. Indem sie meinen Arm noch fester drückte, meinte sie schließlich: »Mach et auch so, Jong!«

Mit einem spitzbübischen Lächeln ergänzte sie: »So habe ich meinen Karl-Heinz kennen gelernt, mit dem ich 41 Jahre glücklich verheiratet war.«

Der Himmel auf Erden
bhal jana f lard

Eine wichtige Zwischenklausur war bestanden!

Das allein sollte nicht der Grund sein, ein Fest zu feiern: Abdel und ich waren bis über beide Ohren verliebt! Und das war Anlass für ein üppiges Essen.

Dazu luden wir unsere vier bisherigen Unter-Untermieter ein, die seit kurzem auf dem Flur gegenüber wohnten.

Zu siebt hockten wir nun in der engen Bude an dem mit Geschirr und Besteck voll bepackten Tisch. In der Mitte stand dampfend und wohlriechend das Tongefäß mit tajine: Geflügelfleisch, Zwiebeln, Oliven und eingelegte Zitrone. Außerdem sollte es Pflaumen mit Mandeln geben. Die Bierflaschen mussten aus Platzmangel auf dem Boden stehen.

Während des Essens träumte ich mich immer wieder zu der Tanzparty vor einigen Tagen im Malteserkeller. Eine temperamentvolle junge Frau war mir aufgefallen, die ständig auf der Tanzfläche herumwirbelte. Sie gefiel mir, und ich begann, mich wie ein Jäger meiner Beute vorsichtig zu nähern. Schritt für Schritt gelang es mir, ihre Aufmerksamkeit zu erringen. Wir unterhielten uns, tanzten zusammen, lachten und saßen mit anderen herum.

Sie hieß Maria, war eine junge Ärztin und offensichtlich bereit, das Leben in vollen Zügen zu genießen. Ich wollte ihr dabei zur Seite stehen und gab mein Bestes an Zuwendung!

Es folgte der übliche Austausch der Adressen.

Aber was tun, wenn man vorgegeben hatte, ein Apartment zu bewohnen – und zwar allein – und es ein solches in Wirklichkeit gar nicht gibt!?

Was war, wenn sie von unserer chaotischen Männerwirtschaft erfuhr, während sie selbst sicherlich in einer schicken kleinen Wohnung in guter Lage lebte? Nie dürfte sie hier raufkommen – alles wäre aus, bevor es so richtig angefangen hätte!

Abdel hatte weniger Probleme. Die polnische Studentin, in die er sich verguckt hatte, war möglicherweise gar keinen Luxus gewöhnt. Ihr genügte das, was wir zu bieten hatten. Er war viel besser dran als ich!

Die Vorstellung, irgendwann könnte es klingeln und Maria würde voller Vorfreude vor mir stehen, versetzte mich in Angstschweiß. Sie würde nach einem Blick auf das Durcheinander von schmutzigem Geschirr und leeren Bierflaschen in diesem unansehnlichen Zimmer auf der Stelle umkehren und mich nie wieder anschauen.

Ab diesem Moment hatte ich keinen Appetit mehr auf tajine.

Offensichtlich war dieser Abend tatsächlich zum Feiern, Zusammensein und Freudehaben wie geschaffen. Die Menschen schienen sich zu suchen.

Und so kam es, wie es kommen musste!

Im Treppenhaus unter uns hörten wir plötzlich Stimmen, eine davon war weiblich – und ich erkannte sie! Hatte Maria irgendwo geklingelt? Mir fiel ein, dass die Namen von uns Dreien nur behelfsmäßig und recht unleserlich am Eingang befestigt waren. Der Postbote legte sowieso die Briefe einfach im Treppenhaus ab. Jetzt, am Abend, waren die Namen kaum erkennbar.

Sechs Augenpaare starrten mich an. Das Kauen war eingestellt, um die Geräusche im Treppenhaus besser wahrnehmen zu können. Alle meine Freunde wussten von meiner großen Sorge, ich könnte auffliegen.

Ein Mitbewohner irgendwo im Haus hatte ihr wohl geholfen. Und jetzt klingelte es bei uns!

Wir sprangen hoch.

Im Nu gab ich Kommandos: »Alles Geschirr auf den Tisch und rüber ins Nachbarzimmer. Die leeren Bierflaschen aufsammeln – und, Freunde, lasst euch ab jetzt nicht mehr blicken! *A shabi ghabro aalia men hna!*«

Momente später stand tatsächlich Maria lächelnd vor mir. Der helle Pulli und die stramm sitzenden Jeans betonten ihre sportliche Figur.

Ich wusste, dass es ein wunderschöner Abend werden könnte, wenn sie mir meine Schwindelei verzeihen würde, die aus der schäbigen Bude ein Apartment gemacht hatte.

Sie überging die Essensgerüche und den Bierdunst. Es schien sie auch nicht zu stören, dass offensichtlich mehrere Personen hier hausten. Sie hatte mir lächelnd abgenommen, dass es wegen zweier Freunde, die vorübergehend hier wohnten, noch so unordentlich aussah!

Wie feinfühlig und klug Frauen sein können, dachte ich, als ich eine Flasche Rotwein öffnete…

Die Morgendämmerung kam herauf und damit weitere organisatorische Probleme. Sie hatten mich die gesamte Nacht über nicht entspannt schlafen lassen.

Maria, die selig neben mir geruht hatte, wachte wie ich davon auf, dass jemand auf Zehenspitzen ins Zimmer kam, eine Jacke und Schuhe vom Boden aufhob und wieder verschwand.

»Hab ich grad von einem Dunkelhäutigen hier im Zimmer geträumt?«, faselte sie schlaftrunken, drehte sich um und schlief weiter.

Im nächsten Moment wurde irgendwo vor der Tür getuschelt, sie öffnete sich leise und Abdel kam mit Ftah ins Zimmer gehuscht. Beide reagierten auf meine unmissverständliche Geste mit entschuldigendem Achselzucken. Abdel flüsterte: »Wir brauchen nur unsere Klamotten! Weiter noch viel Spaß!« und zwinkerte mir grinsend zu.

Als dieser Spuk vorüber war, fiel ich endlich in einen tiefen, traumlosen Schlummer in wunderbarer Gesellschaft.

Maria weckte mich viel zu früh, wie ich meinte. Ich war noch voller Eindrücke der Nacht und fühlte mich entsprechend verschlafen.

Als sie mich aber wie nebenbei fragte, warum so viele Leute hereingeschaut hätten, um offensichtlich meine Sachen anzuziehen, war ich hellwach. Sie hatte tatsächlich alles mitbekommen!

Nun war es an mir, *die Karten auf den Tisch zu legen* – goul saraha.

Jetzt ist es aus, dachte ich und wartete, dass Maria es mir sagen würde. Sie aber hatte die Hände um die wärmende Teetasse gelegt, lächelte mich an und fragte nur, warum ich ihr nicht gleich die Wahrheit gesagt habe.

Damit war für sie die Sache erledigt. Ich aber fühlte mich ertappt und schämte mich irgendwie ein bisschen.

Als mir am gleichen Abend meine Mitbewohner begegneten, wurden mir von ihnen *die Ohren gehörig lang gezogen*. Sie machten mir unmissverständlich klar, dass sie sich nicht noch mal zu sechst in das Zimmerchen nebenan vertreiben lassen werden, während ich…

Diese Episode war prägend für meinen weiteren Kontakt zu befreundeten Frauen. Ich unterzog sie daher sofort dem Test, ob sie mich auch mit meiner schlichten, wenig ansehnlichen Bude in Kauf nahmen!

Eine solche *Prüfung* bestand meine neue Freundin besonders gut. Sie fühlte sich nicht nur bei mir und in der Gesellschaft meiner Freunde wohl, sondern tat durch ihre ordnende, weibliche Hand auch meiner Studentenbude Gutes an. Ein wohlmeinendes Schicksal – inshallah – hatte es so eingefädelt, dass wir uns begegnet sind.

Die Zeit war nicht stehen geblieben
louakt mabkach ouakaf

Aus uns marokkanischen Studenten waren nun Männer geworden, die am Ende ihres Studiums standen.

Nach wie vor waren wir auf der Suche nach der Verwirklichung unserer persönlichen Träume und dem gemeinsamen Platz in der neuen Heimat Deutschland.

Trotzdem vergaßen wir nicht, das Leben leicht zu nehmen. Wir hatten unsere rosaroten Brillen nicht abgelegt. Sie sind nur etwas weniger farbig geworden.

Abdel und ich sollten später als Lehrer arbeiten und unsere studierten Fächer in unterschiedlichen Schulformen unterrichten, ich in Mathematik und Physik.

Abdel hat eine deutsche Frau geheiratet und lebt mit seiner Familie in Köln. Ftah arbeitet in einem Betrieb in Bochum.

Ich heiratete meine damalige Freundin, die aus einem kleinen Ort am Rand der Nordeifel stammte. Zum Glück für uns beide hatte auch sie sich entschlossen, Aachen zu ihrem Lebensmittelpunkt zu machen.

Sie geht ganz in ihrem Beruf in ihrer Arbeit mit Kindern auf. Wir fanden eine schöne Wohnung und sind dort mit unserer Tochter rundum glücklich. Das Allerwichtigste – neben vielen anderen Dingen natürlich – ist für mich, dass meine deutsche Frau gelernt hat, köstliche tajine zuzubereiten. Toll fand ich, dass sie von Anfang an Rücksicht auf die Besonderheiten meines Geschmacks nahm. »Araber mögen es gern süß«, erklärt sie jedem Besucher und begründet damit ihre leckeren Naschereien.

Schweinefleisch bedeutet ihr komischerweise nicht viel, was ich kaum verstehen kann, nachdem ich es ja in meinen ersten Tagen in Aachen, ohne es zu wissen, mit großem Genuss verspeist hatte. Oder kommt es aus Rücksicht auf mich nicht in unserem Speiseplan vor?

Sie sieht es mir – Allah sei Dank – nach, wenn ich gerne meine marokkanischen oder deutschen Männerfreundschaften in dem einen oder anderen Studentencafé pflege. Sie spürt, dass dieses Verlangen so etwas wie das *Öcher Verzäll* ist. Diese Angewohnheit ist sicherlich noch ein Rest meiner ursprünglichen

Kultur und genetisch in mir fest verankert. Dieses Bedürfnis will immer wieder ausgelebt werden.

Eine Steigerung meiner seltsamen Angewohnheiten ist das Korrigieren von Klausuren außerhalb des Hauses. Außer mir kenne ich keinen Lehrer, der so etwas tut und mit seinem Packen Hefte in eine Kneipe zieht. Jeder fragt sich, warum ich das mache.

Ich weiß nur, dass zuhause die übliche familienbedingte Unruhe herrscht. Ich gebe zu, dass es auch im Café Störungen gibt. Hier aber kann ich mich in meine Lieblingsecke zurückziehen, ab und zu beim Rauchen einen Bekannten treffen, Neuigkeiten austauschen und auf diese Weise Arbeit und Vergnügen in Einklang bringen!

Wenn ich gelegentlich von den Heften aufschaue und mich im Lokal umblicke, wird mir bewusst, dass mir inzwischen die deutsche Mentalität mit ihren Umgangsformen vertraut geworden ist und ich sie sehr schätze.

An die Grenzen der Höflichkeit und guten Erziehung, so konnte ich jedoch schon häufig beobachten, kommen meine deutschen Mitbürger recht oft, wenn es ums Warten und Anstehen geht.

Ich habe es bereits am eigenen Leib zu spüren bekommen, wenn ich mich in einem Laden auf die Aufforderung der Verkäuferin »Der Nächste, bitte!« nach vorne gedrängelt habe und dabei erwischt worden bin. Am schlauesten war es dann, sich ahnungslos zu stellen.

Dabei scheint es in Deutschland, anders als in sonstigen Ländern, keinerlei Regel zu geben, was das Anstellen betrifft. Trotzdem bekam ich manches Mal *Immer hübsch der Reihe nach!* zu hören – möglichst mit dem Zusatz *junger Mann!* Ältere Frauen scheinen das eher zu verzeihen, die Männer dagegen nicht und *zogen* mir auf ihre Weise bereits öfter *die Ohren lang* mit Gemurmel über die Dreistigkeit der Ausländer...

Komisch, dass es den Deutschen bei all ihrer Genauigkeit und Korrektheit schwer fällt, sich beim Bäcker, am Markstand oder beim Schlussverkauf am Wühltisch einzureihen. Auch das Einsteigen in einen Bus geschieht oft disziplinlos und ist vergleichbar mit der Eroberung einer mittelalterlichen Burg. Dafür steht allerdings nachts um drei Uhr manch einer an der roten Ampel und wartet, obwohl weit und breit kein Auto in Sicht ist...!

Die Korrektheit und Pingeligkeit der Behörden habe ich schon des Öfteren über mich ergehen lassen müssen. Dennoch schätze ich sie inzwischen und grinse sogar darüber, wenn mal wieder ein Antragsformular für ein Antragsformular zu beantragen ist...

Beim Blick durch mein Lieblingslokal merke ich: ich gehöre hier her, hier fühle ich mich wohl – und ich ertappe mich immer öfter dabei, selbst wie ein geborener Deutscher zu denken und zu handeln.

Zweimal verheiratet
Majouaj jouj marat

Unsere *erste Hochzeit* – wie wir sie nannten – war ein großartiges Ereignis.

Zunächst ging es zum Standesamt, ohne das man in Deutschland ja nicht heiraten kann. Dafür kam ich vorher erneut mit der deutschen Bürokratie in enge Berührung, denn wieder einmal musste ich Unterlagen zusammenstellen, kopieren, einreichen, nachreichen – und das alles termingerecht!

Hier half kein bakschisch, mit dem man einfacher, billiger und schneller hätte ans Ziel kommen können. So etwas läuft nach meiner Ansicht in Marokko praktischer ab!

Endlich hatte ich die nötigen Papiere zusammen, um meine Freundin ehelichen zu können.

Bei ihr genügten die Geburtsurkunde, das Stammbuch und der Personalausweis. Aber auch hier galt: Die Kopie musste amtlich beglaubigt sein! Und umsonst war sie auch nicht!

Wochen vorher hatte man mich mit den Abläufen der standesamtlichen Trauung vertraut gemacht.

Ich erfuhr, dass diese Form der Eheschließung von Napoleon eingeführt worden war, als er hier im Rheinland regiert hatte. Vorher traute ausschließlich der Pfarrer.

Dies erinnerte mich an Liebesfilme aus England und Amerika. Sekunden, bevor die völlig verzweifelte Braut am Altar das Jawort geben soll, stürzt der von ihr Begehrte in die Kirche, jagt ihren Namen rufend durch die Bankreihen und entführt zum Entsetzen aller Gäste und des Pfarrers die freudestrahlende Braut...

Bestimmt hatte der Standesbeamte noch nicht oft eine solch illustre Hochzeitsgesellschaft vor sich wie in unserem Fall. Menschen mit heller und dunkler Hautfarbe waren in dem mit Blumen geschmückten Amtszimmer versammelt.

Jeder war sich der Feierlichkeit und auch der Besonderheit dieses Augenblicks bewusst: Der deutsche Staat gibt sein Einverständnis zur Ehe zwischen einem jungen Marokkaner und einer jungen Deutschen!

Und vor der Tür des Amtszimmers wuselten zahlreiche Kinder einer Kindergartengruppe herum, um ihrer heiratenden Leiterin mit vielen selbst gebastelten Bildern, Briefen und Luftballons zu gratulieren und dem jungen Paar eine glückliche Zukunft zu wünschen. Anschließend durften wir durch ein riesiges rotes Herz klettern, das auf ein Bettlaken gemalt war. Welch ein schönes Symbol!

Der Hochzeitswunsch meiner Verlobten war der Segen in einer Kirche. Darüber und wie es funktionieren könnte, hatten wir ausführlich gesprochen. Schließlich wollte ein Paar aus völlig unterschiedlichen Religionen heiraten. Dies war ein Geschehen, das keinesfalls selbstverständlich war und auch von unseren Familien eine großherzige Haltung einforderte.

Da ich zu Toleranz erzogen worden bin, wollte ich dies bei der Frage nach einer christlichen Trauung auch zeigen.

In der Kultur des Landes, in dem ich nun lebte, hatte ich Wurzeln geschlagen. Meinen afrikanischen Ursprung wollte ich darüber aber nicht vergessen. Dafür sorgten schon meine immer noch lebendigen Bilder aus meiner Kinder- und Jugendzeit.

Diese Erinnerungen an meine Herkunft und Tradition standen nun einem ganz persönlichen, christlichen Fest gegenüber. War das echte, gelebte Integration? Ich glaube schon!

Die Hochzeit fand an einem schönen Sommertag 1997 in der Kirche eines Stadtteiles im Aachener Norden statt und wurde nach dem Ritus der römisch-katholischen Kirche gefeiert – oder doch nicht ganz so streng?

Das Innere von Kirchen war mir bis zu diesem Zeitpunkt wenig bekannt. In der Weihnachtsnacht hatte ich allerdings regelmäßig meine Freundin in ihre Dorfkirche begleitet.

Natürlich hatte ich mir interessehalber schon längst den berühmten Dom angesehen. Wegen seiner Bedeutung im Zusammenhang mit Karl dem Großen war er für mich aber kein typisches Gotteshaus. Er ist in Stein gehauene Geschichte.

Unsere Trauzeremonie war etwas Besonderes, weil sie aus einem Mix aus christlicher Liturgie und Anteilen aus dem Koran bestand.

Der Gemeindepfarrer, ein sympathischer Mensch mit einem großen Herzen, hatte als einziger Geistlicher Bereitschaft dafür gezeigt, unsere angedachte Multi-Kulti-Trauung tatsächlich durchzuführen.

Er redete also nicht nur über Toleranz. Er lebte sie und ließ zu, dass die erste Sure des Korans neben einen Psalm gestellt und interpretiert wurde, und zwar von unseren christlichen und muslimischen Verwandten und Freunden, die unsere Feier mitgestalteten. Sogar die Braut brachte sich auf ihren Wunsch hin ein, was ja sonst eher unüblich ist.

Das ein oder andere war sehr fremd für mich. So fand ich das Gewand des Pfarrers recht seltsam. Es sah unten herum wie eine Gardine aus, und ich musste während der Feier immer dort hinschauen. Und in einer Ecke des Kirchenraumes brannte die ganze Zeit eine rote Lampe...

Was jeden Besucher beeindruckte, war die Feierlichkeit, mit der alles geschah, inklusive der Freudentränen, als man sich anschließend vor der Kirche in den Armen lag und innig küsste.

Das Fest wurde mit gutem Essen bei Tanz und Fröhlichkeit mit vierzig Gästen bis tief in die Nacht hinein gefeiert. Der schön geschmückte Festraum lag am Hang des Lousbergs, von dem aus man einen wunderbaren Blick auf die Stadt und die gegenüber liegenden Höhenzüge des Aachener Waldes hatte.

Meine Eltern, die wegen der weiten Entfernung zu meiner neuen Heimat leider nicht kommen konnten, telefonierten noch am gleichen Abend mit uns und gaben ihren elterlichen Segen. Wir dankten ihnen – wie vorher auch den Eltern meiner Braut – von Herzen für ihre großartige Haltung.

Sie erhielten das Versprechen, unsere Hochzeit in der marokkanischen Tradition zu einem späteren Zeitpunkt mit ihnen zusammen zu feiern.

Ein Jahr verging.

Nach deutschem Recht waren wir verheiratet – und immer noch glücklich.

Schon gerieten wir wieder in den Strudel der Bürokratie. Es war die Zeit der Steuererklärung! Diesmal als *gemeinsame Veranlagung*. Wie vor unserer standesamtlichen Trauung mussten wir zusammen Formulare ausfüllen, Unterlagen beibringen, kopieren, strenge Blicke von Angestellten aushalten und stundenlang anstehen... Welch ein Horror! Das ist der Preis der Ehe!

Nun stand die zweite Trauzeremonie in Marrakech unmittelbar bevor. Vieles war zu organisieren: Flugtickets, Übernachtungsmöglichkeiten, Festtagskleidung, Räumlichkeiten, Speisefolge. Schließlich würde das Fest zwei Tage dauern!

Mein persönlicher Wunsch im Zusammenhang mit den dortigen Hochzeitsfeierlichkeiten war, dass unsere Freunde aus Deutschland ebenso tolerant mit der unterschiedlichen Tradition umgingen, wie es umgekehrt in Aachen der Fall gewesen war.

Der eigentliche Auftakt zur Hochzeit war das Hennafest. Zuerst wurden bei uns zuhause in einer längeren Sitzung die Hände der Braut mit Henna verziert. Dies übernahmen die bestellten Hennakünstlerinnen. Noch einige Wochen später, zurück in Aachen, erinnerte dieser orientalische Schmuck an unsere Feier in Marrakech.

Gleichzeitig zogen Musikanten und Trommler hinter einem Eselskarren durch unser Viertel. Kinder saßen oben drauf, und die Geschenke aus der Nachbarschaft waren schön hergerichtet: Teeservice, orientalische Stoffe, Keramikschalen, *babouches* und vieles andere. Blumen und Zucker wurden als Zeichen für Glück und Segen mit auf den Karren gepackt.

Am nächsten Tag, dem eigentlichen Hochzeitsfest, betraten wir Brautleute den Saal, in dem wir viele Stunden mit Musik, Tanz und gutem Essen verbringen wollten. Doch ich traute meinen Augen nicht: Wo waren nur alle meine Verwandten, die übrigen marokkanischen Gäste sowie die Band? Nichts – keiner da!

Wir dagegen waren nach deutscher Art pünktlich zur Stelle! Hielt ich Termine inzwischen schon so gewissenhaft ein, dass es mir etwas ausmachte, wenn eine Veranstaltung nicht zur verabredeten Uhrzeit begann? Aber klar: *zarba men chitan*, dachte ich und hakte diese Nebensächlichkeit gelassen ab.

Dafür erblickten wir unsere deutschen Gäste, die zwar einsam, aber pünktlich und erwartungsfroh an einigen der großen runden Tische saßen. Diese waren ohne Dekoration, und nichts wies darauf hin, dass hier ein besonderes Fest gefeiert werden sollte. Trotzdem: für sie und uns beide hätte der Festabend jetzt beginnen können!

Viele, viele Gäste würden es heute werden! Ich spürte die Nervosität meiner Frau, und auch ich war nicht mehr sicher, ob das völlig andere Feiern unseren Öcher Gästen überhaupt gefallen würde.

Endlich trudelten die ersten Einheimischen ein: meine Eltern und Geschwister, unsere große Verwandtschaft sowie die zahlreichen Freunde aus alten Zeiten.

Inzwischen war auch die Band eingetroffen, hatte schnell noch so etwas wie einen *Sound-Check* erledigt und damit lautstark klar gemacht, dass das Fest nun endgültig anfangen würde.

Schließlich feierten 300 Personen unsere marokkanische Hochzeit!

Die Speisen waren in meinem Elternhaus vorbereitet worden. Meine Mutter war dabei unumschränkte Chefin des *Caterings* gewesen, wie man heute dazu sagt, – aber nicht für vierzig Personen wie vor einem Jahr in Aachen, sondern für diese riesige Festgesellschaft!

Das Essen wurde im Lokal warm gehalten und nun in feierlicher Prozession von den Kellnern an die Tische getragen. Dort wurde es in die Mitte gestellt. Schalen mit kalten Köstlichkeiten, dazu gab es Brot – und das große Essen begann.

Die Speisen wurden in unterschiedlicher Weise zu sich genommen: mit Besteck oder nur mit den Fingern – letztlich wollte es sich jeder einfach nur gut schmecken lassen.

Unsere deutschen Gäste hatten bevorzugte Plätze mit einem wunderbaren Ausblick auf die Medina mit ihren unzähligen Lichtern. Das Treiben auf dem Jemaa el Fna erschien an diesem Abend besonders lebhaft.

Die Achtung gegenüber den Kochkünsten meiner Mutter stieg von Stunde zu Stunde! Und die Stimmung zum Glück auch!

Anfangs verlief unser Hochzeitsfest ähnlich wie in Deutschland.

Nach dem Essen allerdings ging es los: Die junge Braut steckte bereits im ersten der traditionellen marokkanischen Hochzeitskleider, anmutig wie eine echte Einheimische – und sie bewegte sich auch so! Ob es an der *Verkleidung* liegt?, fragte ich mich schmunzelnd. Es gefiel mir gut, sie so zu sehen.

Wir Brautleute wurden aufgefordert, uns – zunächst vom anderen getrennt – in eine riesige, schüsselförmige Sänfte aus Messing zu setzen. Vier kräftige Männer hoben sie an und trugen uns quer durch den Festsaal. Die Musik spielte in voller Lautstärke dazu unter dem Gejohle der jüngeren Gäste.

Daraufhin mussten wir wieder aussteigen und wurden in einer gemeinsamen Sänfte zu ohrenbetäubender Musik weiter durch den Raum getragen.

In einem Moment der Ruhe konnte ich meinem Freund Rainer erklären, dass sich der Lärm im Laufe des Abends noch mehr steigern würde, vor allem, wenn die Braut in ihrem nächsten Kleid erscheint.

»Irres Fest!«, schrie er mir ins Ohr und schob lachend nach: »kleiner Kulturschock!«

Ich gab ihm recht, dass ihm und auch den anderen deutschen Gästen all das fremd vorkommen musste.

Nun verschwand meine Frau wieder, um in einem neuen, wunderbaren Kleid in blau zurückzukehren. Die Kleiderverleiherin war ständig um sie herum, zupfte hier und da und war sehr besorgt, dass bei dem ganzen Durcheinander niemand auf den Saum treten würde.

Alles gut! Und auch nach dem siebten Kleid sowie einem Berbergewand für mich war nichts an den wertvollen Kleidern kaputt gegangen. In jedem davon hatte sie als Braut wunderschön ausgesehen, so als würde sie von jeher nach Marokko gehören.

Doch ganz überzeugt von dem Sinn des permanenten Kleiderwechsels waren unseren deutschen Gäste nicht – und um ehrlich zu sein: ich als Bräutigam war es auch nicht!

Aber Tradition fordert oft Toleranz – so wie wir es uns von den deutschen Gästen gewünscht hatten. Und tatsächlich waren sie es auch.

Als Bräutigam war ich von der Verkleidung ebenfalls nicht verschont geblieben. Allerdings musste ich nur einmal meinen schicken blauen Anzug gegen ein nicht weniger interessantes Berbergewand eintauschen. Es war eine djalaba mit einem Turban. Darin fühlte ich mich sehr wohl, und meine Braut hauchte mir verliebt ins Ohr: »Ali, wie schick!«

Die Feier ging dann unvermindert lärmend und fröhlich noch stundenlang weiter.

Nach den vielen Gesprächen mit den lieben Gästen und der wilden Tanzerei hatte ich irgendwann das Bedürfnis, für ein paar Augenblicke allein zu sein und meine Gedanken zu ordnen.

Auf der Terrasse war niemand. Ich konnte also ungestört den sternenklaren Nachthimmel genießen, der mir in Aachen manchmal fehlt. Hinzu kam der einmalige Blick auf die Altstadt mit ihrer Lebendigkeit. Selbst in der tiefen Nacht ging das bunte Treiben unverändert weiter. Die Nacht zeigte sich von ihrer schönsten Seite.

Plötzlich spürte ich eine tiefe Dankbarkeit dafür, zwei Familien zu haben, die mein Leben so reich machen. Afrika und Europa, Marrakech und Aachen, dass das so gut zusammenpassen konnte!

Und ganz nebenbei bemerkt, war ich war froh, dieses riesige Fest nicht selber bezahlen zu müssen. Dafür waren – Gott oder Allah sei Dank – andere zuständig.

Jemand riss mich aus meinen Gedanken. Abdel stand neben mir, und wir beide blickten herab auf unser gutes, altes Marrakech.

Wir kannten uns zu gut, als dass es der Worte bedurft hätte, um dem anderen unsere Stimmung mitzuteilen. Offensichtlich schienen wir beide rundum zufrieden zu sein.

Nach einigen Momenten legte ich den Arm um die Schulter meines Freundes und eröffnete ihm: »Was für ein besonderer Tag! Erinnerst du dich noch an die Nacht, als wir *Grünschnäbel* vor fast sechs Jahren zu unserer Odyssee aufgebrochen waren?«

»Uns war damals kotzelend zumute«, ergänzte Abdel trocken.

»Die schier endlose Fahrt zu meinem Vater und Onkel Malaini nach Paris hatte uns mächtig mitgenommen. Erinnerst du dich an die komische Begegnung mit deinem Cousin in Frankfurt? Und als wir dem Kaff Clausthal schnellstens wieder den Rücken gekehrt hatten, waren wir erleichtert. Obwohl wir noch nicht mal wussten, wohin wir anschließend eigentlich gehen sollten! Hauptsache, dort im dunklen Harz nicht zu bleiben...«

»...und sind schließlich *Öcher Jonge* geworden!«

»Und jetzt komme ich mit meiner Zweitfamilie zur Erstfamilie zurück. Ist das nicht großartig? Oder ist meine Erstfamilie inzwischen die Zweitfamilie?« Ich spielte etwas den verwirrten Geist, schaute Abdel dabei an, und wir lachten.

»Lass uns zurück zu den anderen gehen und weiter feiern«, schlug er vor.

In diesem Augenblick spürten wir beide, wie bereichernd es ist, seiner alten Heimat verbunden zu bleiben, auch wenn man sich für eine neue entschieden hat.

Eine Kutschfahrt war eines der vielen Geschenke zu unserer Hochzeit.

Im Morgengrauen nach dem Fest wurden wir durch die Altstadt ins Hotel zu unserer zweiten Hochzeitsnacht gebracht. Händchenhaltend in der calèche zu sitzen, dem Klappern der Hufe zu lauschen und als Brautpaar durch die laue Nacht von Marrakech gefahren zu werden: Romantik pur!

Am nächsten Tag schlenderten die deutschen Gäste mit uns durch die Medina. Gerade erklärte ich einige Besonderheiten zum Minarett der Koutoubia-Moschee, als ein Polizist auf die Gruppe zukam.

Er sprach mich an: »Sind Sie *Guide?* Haben Sie eine Berechtigung?«

»Nein, nein, wir beide haben gestern geheiratet«, erwiderte ich und schaute lächelnd zu meiner Frau. »Wir zeigen unseren deutschen Gästen die schöne Altstadt.«

»So, so, Sie haben gerade geheiratet… und haben mich nicht eingeladen…?«

Ich wusste nicht, ob er Spaß machte, oder es ihm ernst war.

»Dann will ich mal drüber wegsehen. Mit einem Kaffee bin ich einverstanden – oder einem *bakschisch* …« Dabei hielt er mir seine geöffnete Hand hin.

Rasch fand ich ein paar Dirham in der Tasche, um den unangenehmen Typen schnell los zu werden.

Die betretenen Gesichter meiner Begleiter würde ich so bald nicht vergessen!

Ich bin ein reicher Mann!
ana labas aalia!

Wieder einmal bin ich am Hangeweiher – dort, wo ich vor Jahren im Traum meine Reise und die meiner Freunde nachlebte.

Damals plantschten meine kleine Tochter mit ihren Freundinnen im Wasser und quiekten vor Vergnügen, während ich auf sie aufpassen sollte.

Nun sitzt sie mir als siebzehnjährige im Café des Schwimmbades gegenüber. Wir lassen es uns an diesem Sommernachmittag zwischen den anderen Badegästen gut gehen. Eile ist uns heute besonders fremd. Zum ganz großen Glück fehlt uns nur die Tasse nass nass. Der Cappuccino ist aber auch nicht schlecht.

Wir kommen über dieses und jenes ins Gespräch. Ich spüre, dass dieser Moment dazu geeignet ist, in entspannter Atmosphäre über Themen zu sprechen, an die man eigentlich nur in Muße denkt und wenn man den Alltag für ein paar Stunden hinter sich lässt.

Nach einer Gesprächspause, in der wir die herumtobenden Kinder beobachten, meint meine Tochter unvermittelt: »Hättest du und deine Freunde damals, als ihr nach Aachen gekommen seid, eigentlich Schwierigkeiten mit der Integration in die deutsche Gesellschaft? Fiel es euch leicht?« Interessiert blickte sie mich an.

»Ihr hattet ja schon zuhause vor, in Deutschland zu bleiben und nicht wieder zurück nach Marokko zu gehen – was ihr dann ja auch gemacht habt... Eigentlich nicht gerade zur Freude von Opa Messaoud und Oma Ijmaa, nicht?«, schiebt sie mit etwas Nachdruck hinterher.

Ich bin erstaunt über ihre Fragestellung, zeigt sie doch, dass sich meine Tochter gut in mein früheres Leben und meine Herkunft hineinversetzen kann. Hätte sie vielleicht lieber, wie ihre Freundinnen, einen Vater mit deutschen Wurzeln?

Doch danach fragen möchte ich sie nicht und überlege, wie ich ihr antworten soll.

Ich erzähle ihr, dass wir nicht im herkömmlichen Sinn integriert werden mussten – mit Hilfsmaßnahmen, Unterstützungsprogrammen oder anderen Maßnahmen. Wir haben uns selbst durchgewurschtelt und unseren Weg gesucht – und hier eine Heimat gefunden. Wir wollten ja mit den Deutschen guten Kontakt haben und zusammen leben. Das ging so weit, dass ich jetzt selbst einer bin!«

»Woran konnte man denn erkennen, dass ihr dazugehören wolltet?«, fragt sie nach.

»Nun, wir sind auf die Deutschen zugegangen und haben versucht zu lernen, *wie sie ticken*. Das bedeutete: ihre Sprache zu lernen – von den Sitten und Gebräuchen zu hören – welche Bedeutung die Feiertage haben und wie man sie feiert – die Arbeitswelt, Kunst, Sport, Essen und Trinken… auch, wie man seine Freizeit verbringt.«

Nach einem Augenblick des Nachdenkens schiebe ich nach: »Und natürlich haben wir uns auch für das Verhältnis zwischen Mann und Frau hier in Deutschland interessiert.«, woraufhin sie unvermittelt fragt: »Kanntest du eigentlich noch andere Frauen als Mama?«

Ich zögere. Was für eine Frage! Aber: Offenheit gegenüber der Jugend ist ja bekanntlich wichtig…

So ganz *aus dem Nähkästchen erzählen* will ich ihr aber nun doch nicht, was wir so alles getrieben haben. Also berichte ich in einer verkürzten und zusammengestauchten Form über unsere amourösen Abenteuer bei den Tanzpartys und schweife bewusst ab auf die harmlosen und oftmals lustigen Begegnungen mit den Bewohnerinnen des Altenheimes, denen gegenüber ich hier und da die Rolle eines Vertrauten und Seelentrösters eingenommen hatte.

Meine Tochter schaut mich belustigt an und meint: »Das kannst du, Papa – echt!«

Ich möchte sie vom Thema ablenken. »Aber eigentlich willst du doch wissen, wie ich den Marokko-Deutschland-Spagat hinkriege, oder? – Hast du eigentlich mal zusammengezählt, wie oft wir schon bei Oma und Opa und dem Rest der Familie in Marrakech waren?«, frage ich sie weiter.

»Und wie viele Male wir schon mit Abdel und seiner deutschen Familie und den anderen in den Ferien auf Korsika waren?«, ergänzt sie fröhlich.

Dort gefällt es auch mir immer besonders, und ich sehe meine Tochter als kleines Mädchen, dunkelhaarig und gebräunt von der Mittelmeersonne, zwischen den anderen Kindern herum wuseln.

Unzählige Male komme ich über die vielen schönen Momente mit ihr darüber ins Plaudern und Erzählen. Jedes Jahr in den Sommerferien findet der Riesenspaß mit einer Horde Erwachsener und Kindern aus Deutschland und Marokko statt. Für ein paar Wochen herrscht ein Leben wie auf einer Abenteuerinsel! Frei, ungebunden, naturnah – und fast sorglos.

»Ob deine Freunde und Klassenkameraden jemals solche Ferien gemacht haben?«

Doch statt eine Antwort auf meine Frage zu bekommen, schwärmt sie weiter: »Ich finde bereits die Übernachtungen in der Schweiz so aufregend und die lange Autofahrt bis zur Fähre in Italien.«

»Es ist ein tolles Gefühl, wenn wir dann auf der Insel ankommen und uns alle auf dem weitläufigen Hügel wiedersehen, unter großem Hallo die Schlafzelte errichten und die Kochanlagen aufbauen«, ergänze ich. »Und mir hat es immer besonders viel Spaß gemacht, die Töpfe und Schüsseln einzurichten. Ich freue mich schon auf die nächsten Ferien dort und die Zeit mit Hasna und Youssef!«, bekräftigt sie. Ich bin berührt, dass sie ein weiteres Mal mitfahren möchte.

Eine Pause ist entstanden.

Ich schaue meine große Tochter an, die mich mit ihren dunklen Augen und kräftigen Haaren manchmal an meine Mutter in jungen Jahren erinnert und frage sie: »Was würdest du davon halten, demnächst einen Schwung Lehrer mit nach Marokko zu begleiten?« Sie blickt mich an, als hätte ich von der Hitze des Tages etwas abbekommen

Über ihr erstauntes Gesicht muss ich lachen. »Keine Sorge!«, beruhige ich sie. »Es sind nicht deine Lehrer – es sind meine Kollegen!«

»Wie kommst du auf die Idee, mit Leuten zu fahren, die du sowieso fünfmal in der Woche um dich herum hast!?«

»Habe ich Mama und dich nicht auch ständig um mich herum und fahre trotzdem gerne mit euch weg?« Ich freue mich über meine gelungene Antwort und füge hinzu: »Die Kollegen interessieren sich für meine erste Heimat. Das weiß ich. Wir sprechen oft darüber. So würde ich ihnen gerne ermöglichen, das Land einmal direkt kennen zu lernen, mit meinem Freund Ahmed als Reiseleiter.

Vielleicht begreifen selbst Deutsche, dass dort die Eile vom Teufel ist! Das wäre etwas! Denn wie du selbst schon erlebt hast«, ergänze ich schmunzelnd, »*ticken die Uhren* in Marokko etwas *langsamer,* als hier in Deutschland.«

Ich spüre das Interesse meiner Tochter und habe offensichtlich meine erste Begleiterin gewonnen. In groben Zügen stelle ich ihr ein bereits in der Phantasie ausgearbeitetes, mögliches Programm vor: Wir werden durch das Atlasgebirge wandern und unter dem Sternenhimmel der Wüste Merzouga zelten. Dann sehe ich die Kolleginnen und Kollegen mit einem um den Kopf gewickelten Turban auf einem Kamel hin und her schaukeln und sich krampfhaft irgendwie an ihrem Lasttier festhalten.

Sie werden zuhause davon schwärmen. Davon bin ich überzeugt.

Plötzlich stellt meine Tochter fest: »Papa, ich glaube, du bist reich!«

Verdutzt gucke ich sie an und fühle mich geschmeichelt.

Sofort stellt sie klar: »Ich meine nicht finanziell, mit Geld und so. Du bist reich, weil du zwei Familien hast: eine erste und eine zweite. Und du bist so etwas wie ein Bindeglied.«

Mir ist es nicht recht, dass sie mich verherrlicht und schwäche das Lob ab, indem ich auf ihren Onkel und die Tante verweise, die auch inzwischen mit ihren Familien ganz in unserer Nähe leben.

Aber sie bleibt dabei, dass ich etwas Besonderes sei.

Ich bin also reich. Ja, stimmt – und so darf man es sehen! Und ich genieße die Anerkennung meiner Tochter.

Augenzwinkernd meint sie noch: »Papa, was wäre bloß aus mir geworden, wenn du damals nicht nach Aachen gekommen wärst...?«

»Komm«, fordere ich sie lachend auf, um ihr meine Verlegenheit nicht zu zeigen, »lass uns noch eine Runde schwimmen!«

Glossar

Arganbaum	aus der Frucht wird das wertvolle Arganöl gewonnen
babouches	traditionelle marokkanische Schuhe
balak!	Vorsicht!
bslama!	Lebe wohl!
bakschisch	Trinkgeld
baraka!	fertig!
calèche / koutché	Pferdekutsche
couscous	Gemüsegericht mit verschiedenen Fleischsorten auf der Basis von Hartweizengrieß
Dirham	marokkanische Währung
djalaba	traditionelles Gewand für Männer
Essaouira	marokkanischer Küstenort
inshallah	so Gott will
Jemaa el Fna	»Platz der Geköpften« in der Medina von Marrakech
kidiar al hamek	Blödmann!
marhaba	willkommen!
Medina	Altstadt
Merzouga	Wüste in Ostmarokko
nass nass	besonderer marokkanischer Kaffee
Ourikatal	Tal im Süden von Marrakech
ouach nta hamek!?	»bist du verrückt!?«
pastilla	Blätterteigtasche
souk	kleine Marktstraße, oft überdacht
talj	Schnee
tatban aala ibant	sich an jemanden heranmachen
tajine	in einem Tongefäß zubereiteter Eintopf mit Gemüse, Geflügel und anderem Fleisch
zarba men chitan	»Die Eile ist vom Teufel«

Wie das Buch entstand

Wo lässt es sich besser an lustige, oft abenteuerliche, aber auch zum Nachdenken anregende Ereignisse erinnern, als im Kreis von Freunden in einer gemütlichen Kneipe?

Es begann damit, dass Ali auf die nebenbei gestellte Frage, wie er vor Jahren nach Aachen gekommen sei, lachend antwortete: »Wir haben am Bahnhof einfach nach Said gefragt!«

Dieser Satz war Anlass für seinen Freund und Kollegen Volker, in den darauf folgenden Monaten Alis überaus lebendig und witzig erzählte Abenteuer und seine Zeit in Aachen niederzuschreiben.

Oft mit einem Lächeln auf den Lippen über die Erlebnisse von Ali und seinen zwei marokkanischen Freunden und hier und da mit einem Schuss ausschmückender Fantasie des Autors ist das vorliegende Buch entstanden.

Volker Leuoth ist promovierter Sonderschullehrer. Bis zu seiner Pensionierung war er viele Jahre in der Lehrerausbildung tätig und ist Mitautor verschiedener Schulbücher. Er hatte einen Lehrauftrag an der Universität Köln und unterrichtete zuletzt am College der Volkshochschule Aachen.

Volker Leuoth ist verheiratet und wohnt in Aachen.

Seine beiden Romane »Aachen brennt« sowie »Gefährliche Grenze« erschienen 2012 und 2015 im Aachener einhard verlag.

Mohamed Ali Ben Moulay wurde in Marrakech geboren. Er studierte Elektrotechnik in Aachen.

Anschließend durchlief er im Studienseminar und an einer Gesamtschule die Ausbildung zum Lehrer für die Fächer Physik und Mathematik. Er unterrichtet am College der Volkshochschule Aachen und lebt mit Ehefrau und Tochter in Aachen.

Danksagung

Ein herzliches Dankeschön geht an Angelika für die großartige Unterstützung bei der Durchsicht des Manuskripts und die vielen weiterführenden Gedanken.

Herrn Daniel Santosi vom Verlagshaus Mainz sei herzlich gedankt für die gute Zusammenarbeit im Rahmen seiner Lektorentätigkeit sowie der Autorenbetreuung.

Herrn Senaid Ahmeti gelang die eindrucksvolle Gestaltung des Einbandes.

Und Elvira sowie Sophia ermöglichten es durch ihr Einverständnis, dem Leser Einblick in das interessante Leben einer deutsch-marokkanischen Öcher Familie geben zu können. Dafür ebenfalls herzlichen Dank.